华东政法大学
65周年校庆文丛编委会

主　任　曹文泽　叶　青
副主任　顾功耘　王　迁
委　员（以姓氏笔画为序）

马长山　王立民　朱应平　刘　伟　孙万怀
杜志淳　杜　涛　杨忠孝　李秀清　李　峰
肖国兴　吴新叶　何益忠　何勤华　冷　静
沈福俊　张明军　张　栋　陈金钊　陈　刚
林燕萍　范玉吉　金可可　屈文生　贺小勇
徐家林　高　汉　高奇琦　高富平　唐　波

华东政法大学65周年校庆文丛

税收征管改革的地方经验与立法完善
以上海自贸区为例

李慈强 /著

北京大学出版社
PEKING UNIVERSITY PRESS

图书在版编目(CIP)数据

税收征管改革的地方经验与立法完善:以上海自贸区为例/李慈强著.—北京:北京大学出版社,2017.11

ISBN 978-7-301-28874-0

Ⅰ.①税… Ⅱ.①李… Ⅲ.①自由贸易区—税收征管—经验—上海 ②自由贸易区—税法—立法—研究—上海 Ⅳ.①F812.751 ②D927.510.222.04

中国版本图书馆 CIP 数据核字(2017)第 252522 号

书　　　名	税收征管改革的地方经验与立法完善——以上海自贸区为例 SHUISHOU ZHENGGUAN GAIGE DE DIFANG JINGYAN YU LIFA WANSHAN
著作责任者	李慈强　著
责 任 编 辑	朱梅全　杨丽明
标 准 书 号	ISBN 978-7-301-28874-0
出 版 发 行	北京大学出版社
地　　　址	北京市海淀区成府路 205 号　100871
网　　　址	http://www.pup.cn
电 子 信 箱	sdyy_2005@126.com
新 浪 微 博	@北京大学出版社
电　　　话	邮购部 62752015　发行部 62750672　编辑部 021-62071998
印 刷 者	三河市博文印刷有限公司
经 销 者	新华书店
	730 毫米×1020 毫米　16 开本　13.75 印张　185 千字 2017 年 11 月第 1 版　2017 年 11 月第 1 次印刷
定　　　价	42.00 元

未经许可,不得以任何方式复制或抄袭本书之部分或全部内容。

版权所有,侵权必究

举报电话: 010-62752024　电子信箱: fd@pup.pku.edu.cn

图书如有印装质量问题,请与出版部联系,电话: 010-62756370

崛起、奋进与辉煌

——华东政法大学 65 周年校庆文丛总序

2017 年,是华东政法大学 65 华诞。65 年来,华政人秉持着"逆境中崛起,忧患中奋进,辉煌中卓越"的精神,菁莪造士, 朴作人。学校始终坚持将学术研究与育人、育德相结合,为全面推进依法治国做出了巨大的贡献,为国家、为社会培养和输送了大量法治人才。一代代华政学子自强不息,青蓝相接,成为社会的中坚、事业的巨擘、国家的栋梁,为社会主义现代化和法治国家建设不断添砖加瓦。

65 年栉风沐雨,华政洗尽铅华,砥砺前行。1952 年,华政在原圣约翰大学、复旦大学、南京大学、东吴大学、厦门大学、沪江大学、安徽大学、上海学院、震旦大学 9 所院校的法律系、政治系和社会系的基础上组建而成。历经 65 年的沧桑变革与辛勤耕耘,华政现已发展成为一所以法学为主,兼有政治学、经济学、管理学、文学、工学等学科,办学特色鲜明的多科性大学,人才培养硕果累累,科研事业蒸蒸日上,课程教学、实践教学步步登高,国际交流与社会合作事业欣欣向荣,国家级项目、高质量论文等科研成果数量长居全国政法院校前列,被誉为法学教育的"东方明珠"。

登高望远,脚踏实地。站在新的起点上,学校进一步贯彻落实"以人为本,依法治校,质量为先,特色兴校"的办学理念,秉持"立德树人,德法兼修"的人才培养目标,努力形成"三全育人"的培养管理格局,培养更多应用型、复合型的高素质创新人才,为全力推进法治中国建设和高等教育改革做出新的贡献!

革故鼎新,继往开来。65 周年校庆既是华东政法大学发展史上的重要里程碑,更是迈向新征程、开创新辉煌的重要机遇。当前华政正抢抓国家"双一流"建设的战略机遇,深度聚焦学校"十三五"规划目标,紧紧围绕学校综合改革"四梁八柱"的整体布局,坚持"开门办学、开放办学、创新办学"发展理念,深化"教学立校、学术兴校、人才强校"发展模式,构建"法科一流、多科融合"发展格局,深入实施"两基地(高端法治及社会治理人才培养基地、法学研究基地)、两中心(中外法律文献中心、中国法治战略研究中心)、一平台(互联网＋法律大数据平台)"发展战略,进一步夯实基础、深化特色、提升实力。同时,华政正着力推进"两院两部一市"共建项目,力争能到本世纪中叶,把学校建设成为一所"国际知名、国内领先,法科一流、多科融合,特色鲜明、创新发展,推动法治文明进步的高水平应用研究型大学和令人向往的高雅学府"。

薪火相传,生生不息。65周年校庆既是对辉煌历史的回望、检阅,也是对崭新篇章的伏笔、铺陈。在饱览华政园风姿绰约、恢弘大气景观的同时,我们始终不会忘却风雨兼程、踏实肯干的"帐篷精神"。近些年来,学校的国家社科基金法学类课题立项数持续名列全国第一,国家社科基金重大项目和教育部重大项目取得历史性突破,主要核心期刊发文量多年位居前茅。据中国法学创新网发布的最新法学各学科的十强排名,学校在法理学和国际法学两个领域排名居全国第一。当然,我们深知,办学治校犹如逆水行舟,机遇与挑战并存,雄关漫道,吾辈唯有 力同心。

为迎接65周年校庆,进一步提升华政的学术影响力、贡献力,学校研究决定启动65周年校庆文丛出版工作,在全校范围内遴选优秀学术成果,集结成书出版。文丛不仅囊括了近年来华政法学、政治学、经济学、管理学、文学等学科的优秀学术成果,也包含了华政知名学者的个人论文集。这样的安排,既是对华政65华诞的献礼,也是向广大教职员工长期以来为学校发展做出极大贡献的致敬。

65芳华,秋菊春松,似惊鸿一瞥,更如流风回雪。衷心祝愿华政铸就更灿烂的辉煌,衷心希望华政人做出更杰出的贡献。

华东政法大学65周年校庆文丛编委会
2017年7月

序

理论上而言,税收征收管理是落实税收实体法、推行依法行政和实现程序正义的重要保障。如何在督促税款及时足额入库的同时,又最大限度地保护纳税人的合法权益,是践行税收法治的价值追求。长期以来,理论界存在着"重实体,轻程序""重管理,轻服务"的弊端,对于税收征管方面的内容缺乏足够的理论关切和系统研究。党的十八届三中全会提出,深化财税体制改革,完善税收政策,建立现代财政制度,对社会管理创新背景下的税收征管工作提出了全新的要求。

上海自贸区是全面深化改革背景下我国设立的第一个国家级自由贸易试验区,旨在加强国际经贸合作、促进产业转型发展、加快政府职能转变和创新市场管理模式。上海自贸区定位于深化改革开放、建设外向型经济,遵循"可复制、可推广"的要求建立国际化、便利化、法制化、公平高效的营商环境。就税收法治层面而言,上海自贸区主要从维护税制统一、保障税负公平的角度进行改革,因此税收优惠、税制设计等实体层面的措施较少,更多的是税收征管程序方面的创新。通过这些制度创新应对全球化、信息化给税收征管带来的机遇与挑战,提高税收征管与纳税服务水平,从而更好地实现税收法治。实践中,在上海自贸区最先实施的"办税一网通"10项税收服务创新措施迅速在全国推广开来,这些有益的实践探索也为《税收征管法》的修订提供了宝贵的经验样本。

正是基于上述原因,2014年,本人以"中国(上海)自由贸易试验区税收法制问题研究"为题,申请国家社科基金重点项目并成功立项。三年以来,本人先后率领团队前往上海、天津、厦门等地自贸区进行实地调研,通过一对一访谈、举办研讨会等方式掌握第一手资料,也为课题的顺利开展积累了丰富的素材。近年来,由本人牵头的华东政法大学财税法研究中心研究团队先后在《法学》《税务与经济》《国际商务》等核心刊物上发表多篇论文,对上海自贸区的投资领域、贸易领域税收法制问题进行了比较深入的研究。

此外,为了集思广益、博采众长,我们也积极举办论坛进行学术交流,邀请专家学者就上述问题展开研讨、论证。2014年6月7日,由华东政法大学经济法律研究院主办、华东政法大学财税法研究中心承办、上海市法学会财税法学研究会协办的"中国(上海)自由贸易试验区财税法制问题"国际高峰论坛在我校顺利召开。来自荷兰、韩国、以色列、中国等数十位专家学者参加了会议。本次论坛是在我国建立上海自贸区以顺应全球经贸发展新趋势,实行更加积极主动开放战略的举措下举办的,从财税法制的角度探索上海自贸区的使命、功能和要求。会后,我们于2015年8月在法律出版社结集出版了由本人主编的《东方财税法研究(第4卷)》,系统地呈现了这一系列的研究成果。

本书作者李慈强博士2014年从中国人民大学博士毕业之后,进入华东政法大学博士后流动站工作,由我担任他的合作导师。他科研基础扎实,具有丰富的财税法专业理论知识,具备较好的知识结构和较高的理论水平。近年来,积极参加课题研究,科研成果突出,先后获得中国法学会部级课题、博士后基金面上资助、上海市教委等多项课题立项,在站期间发表核心期刊论文十余篇,反映出其具有较高的科研能力和业务水平。

本书是李慈强博士的博士后出站研究成果,紧扣上海自贸区建设的历史背景,从多维视角研究上海自贸区的税收法制问题,其价值和意义不言而喻。本书在理论上通过税收法制理念的创新,以期进一步完善税收程序法律制度的理论基础,在实践上为《税收征管法》的修订与完善提供立法建议,积极推进上海自贸区的建设和税收征管法治改革。该书从理论上积极回应社会实践,系统地梳理了上海自贸区的改革经验,视角新颖,文笔流畅,是部优秀的财税法理论著作。

李慈强博士出站后,顺利地留在了华东政法大学经济法学院任教,加入经济法教研室的师资队伍中,近年来开设"经济法""税法学""税法理论与实务""比较税法学"等课程,教学与科研同时进行,相得益彰。"板凳要坐十年冷,文章不写半句空。"作为一名青年教师,他的教学科研之路可谓任重而道远,希望他在今后的教师生涯中继续努力,期待他将来有更多的科研成果。

是为序。

中国财税法学会副会长
华东政法大学经济法学院教授
陈少英
2017年8月30日于华政园

内 容 摘 要

　　上海自贸区建设是实施依法治国、推进改革开放的重要突破口，对于深化财税体制改革具有战略意义。从我国改革开放的历史经验来看，上海自贸区建设必须坚持法治思维和方式，处理好政策倾斜与法治统一、全局视野与区域定位、税收优惠与竞争中性的关系。因此，上海自贸区的目标定位是全国性的自由贸易试验区，按照"可复制、可推广"的要求坚持制度创新。从具体实践来看，上海自贸区实行的税收法制改革主要集中在税收征管的程序上，通过简化行政审批程序突出纳税服务，从而实现税收程序的干预最小化、服务最大化和纳税诚信化。本书对上海自贸区的改革实践作出理论梳理和经验提炼，并建议修订的《税收征管法》对纳税信息管理、市场综合监管等成功经验进行立法确认。

　　本书除了引言和结语之外，共分为七章。引言简要地介绍了课题的研究背景、选题意义，并对已有文献进行了梳理。其中，第一章主要探讨上海自贸区的目标与定位。从上海自贸区设立的历史背景来看，我国正处于新发展理念下的对外开放与经济升级、全面推进依法治国与法治经济建设的背景下，因此上海自贸区建设必须处理好区域定位与全局视野问题，同时从全面深化财税体制改革的维度重视税收程序法价值。上海自贸区是国家对外开放的政策试验区,不是"政策洼地",而是"创新高地",应当突出先行先试与法治引领。具体而言,在税收法律制度上,上海自贸区要正确对待税收优惠与有害税收竞争,在公平的视野下进行税收征管制度创新。

第二章从理论出发,系统梳理了上海自贸区在税收征管改革上所遵循的税法理念与原则。具体而言,简政放权思想要求"精简行政"和"释放权力(利)",重塑政府与市场的关系,由全能政府向有限政府、由管制性政府向服务型政府转变。就税收征管而言,这一思想主张摒弃传统的国库中心主义,实现适度监管与合理干预,通过简化程序最大限度地保护纳税人权益。稽征便宜主义贯穿税收征管法的立法、执法等环节,使作为纳税人的遵从成本的纳税简便易行、易于操作,即守法成本应当最小化,这一原则不仅要求税制简单,而且征管程序上应当简化。同时,受新公共管理理论的影响,征税是税务机关管理与服务统一的过程,税收征管过程中必须重视纳税服务,重构税收征纳关系。诚实推定原则反对税务机关对纳税人的"有罪推定",要求税务机关对纳税人实现态度从无端怀疑到尊重信赖、征纳关系从威慑对抗型向信赖合作型、管理手段从监督打击型向管理服务型转变。通过遵循这些理念与原则,最大限度地实现税收征管过程中的干预最小化、纳税诚信化与服务最大化。

第三章主要介绍上海自贸区在政府职能转变方面的有益探索。就税务机关而言,如何建设"服务型政府"、完善审批与服务职能是税收征管改革的重要任务。上海自贸区成立后,税务机关通过网上自动赋码、"三证合一""区域通办"、容缺受理等具体措施简化税务登记程序;积极推进涉税事项行政审批改革,实施专业化集中审批、窗口

"一站式"办理、取消部分前置核查、扩大备案项目等;同时强化纳税服务,实行"办税一网通"试点与推广,为税务机关职能转变提供了有益探索。

第四章从征管能力建设的角度出发,指出涉税信息在税收征管中具有重要意义,探讨上海自贸区的涉税信息管理经验。在涉税信息的采集上,需要保护纳税人的隐私权、注重行政效率、确保信息的全面性。涉税信息共享机制建立在税收社会化管理的理论基础上,目前涉税信息共享存在法律建设滞后、标准不一难以互联互通、信息价值挖掘不充分等问题。上海自贸区建立公共信用信息共享平台,并在税源监控、户籍比对、税种比对和综合分析等过程中发挥作用。基于分类管理思想,上海自贸区通过纳税信用网上评价、税银信用互动化等途径,建立并完善纳税信用评价与奖惩机制。

第五章论述上海自贸区税收机关在征管过程中进行的税务综合监管创新。在风险管理的理念下,税务机关需要重新审视税务管理,重构税务管理的重点内容和业务流程,不断深化税务风险探索实践。因此,税收征管的重心在后移,主要是加强事中事后监管,建立风险导向的征管体制。具体而言,上海自贸区通过完善风险提示与预警机制,加强税收风险管理,同时建立政府各相关部门的协同和联合监管制度,鼓励社会力量参与市场监督,充分发挥会计师事务所等专业机构的社会监督功能等,建立综合监管,完善社会综合治税。

第六章对国家实施自贸区战略进行了分析,并对自贸区建设的前景提出了展望。一方面,我国自贸区建设具有先后性与差异性,各个自贸区需要突出历史定位,实现特色发展;但另一方面,自贸区建设也要保持协同发展,确保整体性。"一带一路"战略是构建我国全方位开放新格局的总抓手,这一战略的具体实施,需要自贸区建设作为基础支撑,形成以点带面、联动发展的改革开放新局面。同时,自贸区建设与"一带一路"战略都属于开放型经济建设的重要组成部分,这些都对税收征管提出了新的挑战。如何加强国际税收征管合作,提升税务机关的征管能力,维护我国的税收权益并为经济社会发展服务,是今后税收征管改革长期努力的目标。

第七章主要探讨上海自贸区的税收征管改革经验复制推广的路径,并结合《税收征管法》的修改提出了完善建议。上海自贸区在先行先试的基础上形成了若干成功经验,并沿着在上海市范围内进行推广、对其他自贸区产生辐射作用、在全国范围内进行实施三条路径进行了复制推广。就《税收征管法》的修改而言,《税收征管法》(草案)增加了"推进税收治理现代化"等理念,还应明确纳税人中心主义、规范税收执法、促进税法遵从等理念。在具体制度上,《税收征管法》需要进一步规范涉税审批制度、完善纳税信息管理和建立综合监管制度。

最后在结语部分指出在全面深化改革的背景下,如何处理改革与立法的关系,这将是今后自贸区建设和《税收征管法》修订必须面临的问题。只有实现改革与立法的良性互动,才能对传统的税收征管模式、纳税服务进行改革,促进税务机关与纳税人和谐相处,为市场主体搭建便捷、优质、高效的纳税服务,最终实现税收征管现代化。

目 录

引 言 … 001

第一章　目标与定位：上海自贸区的历史选择　014
第一节　上海自贸区设立的历史背景　015
第二节　政策试验区：先行先试与法治引领　023
第三节　政策洼地 VS 制度创新：有害税收竞争与税收公平　033

第二章　理念与原则：自贸区税收征管改革的指导思想　042
第一节　简政放权思想与干预最小化　043
第二节　稽征便宜主义与纳税服务最大化　050
第三节　诚实推定原则与纳税诚信化　057

第三章　审批与服务：税务机关的政府职能转变　065
第一节　便利税务登记　066
第二节　简化涉税审批　073
第三节　强化纳税服务　079

第四章　采集与共享：涉税信息管理　090
第一节　涉税信息及其采集机制　091
第二节　涉税信息共享机制　098
第三节　纳税信用评价与奖惩机制　104

第五章 治理与协同：税务综合监管创新	113
第一节 事中事后监管	114
第二节 现代治理理念下的综合监管创新	120

第六章 问题与主义：自贸区建设的前景展望	127
第一节 自贸区建设的差异性与整体性	128
第二节 自贸区建设与一带一路战略的协同	136
第三节 开放型经济建设与税收征管能力提升	144

第七章 经验与提升：复制推广与《税收征管法》立法完善	153
第一节 自贸区的先行先试与经验推广	154
第二节 《税收征管法》对其理念的确认与完善	164
第三节 《税收征管法》对具体制度的立法确认	169

结　语	177
参考文献	179
附　录	191
致　谢	207

引　言

　　2013年8月22日,国务院正式批准设立中国(上海)自由贸易试验区(以下简称"上海自贸区")。按照上报时的方案设计,上海自贸区在成立之初,其范围涵盖上海市外高桥保税区、外高桥保税物流园区、洋山保税港区和上海浦东机场综合保税区4个海关特殊监管区域,总面积为28.78平方公里。经过积极的推进筹备工作,2013年9月29日,上海自贸区在浦东新区正式挂牌成立,当天多家新设的企业和金融机构成为第一批入驻成员,至此,轰轰烈烈的自贸区试验探索和建设工作正式启动运作。

　　上海自贸区的成立,其重要性堪比改革开放之初设立的深圳经济特区,是我国新一轮对外开放的标志性事件,旨在成为提高我国对外开放水平的重要平台和试验基地。对于学术界而言,这是个全新的实践热点和理论问题。关于自贸区的法律问题研究,国内外学者从改革与立法的关系、法律适用、司法保障等各个方面作了诸多有益的探索。笔者拟从理论上探讨上海自贸区的历史定位是国家对外开放的政策试验区,重在制度创新,而不是政策优惠。就税收法治建设而言,上海自贸区的改革主要集中在税收征管程序创新上,通过简化行政审批程序、突出纳税服务,从而实现税收程序的干预最小化、服务最大化和纳税诚信化。通过对上海自贸区的改革实践进行理论梳理和经验提炼,笔者建议修订的《税收征管法》对规范涉税审批、纳税信息管理、市场综合监管等成功经验进行立法确认。

一、选题意义

长期以来,学术界对于税收征管法律问题的研究较为重视,并已取得了相当的成果。如日本学者北野弘久[①]、金子宏[②]对税收法律关系性质的不同认知;美国学者维克多·瑟仁伊对各国税收程序规则共性与差异的揭示;[③]Edgar Kiser 和 Joshua Kane 对现代英法两国税收征管局限性的披露;[④]黄茂荣对税收稽征经济原则内在特征的剖析;[⑤]葛克昌对税收稽征程序基本内涵的探讨;[⑥]陈清秀强调利益均衡尤其是税捐经济效率原则在税法上的运用;[⑦]黄俊杰对税捐课征正义价值的阐释;[⑧]刘剑文对税收征管法实效和趋向的分析;[⑨]

[①] 参见〔日〕北野弘久:《税法学原论》,陈刚等译,中国检察出版社 2001 年版。

[②] 参见〔日〕金子宏:《日本税法》,战宪斌、郑林根译,法律出版社 2004 年版。

[③] 参见〔美〕维克多·瑟仁伊:《比较税法》,丁一译,北京大学出版社 2006 年版。

[④] See Edgar Kiser and Joshua Kane, Revolution and State Structure: The Bureaucratization of Tax Administration in Early Modern England and France, American Journal of Sociology, 2001, 107(1): 183—223.

[⑤] 参见黄茂荣:《法学方法与现代税法》,北京大学出版社 2011 年版。

[⑥] 参见葛克昌:《税法基本问题(财政宪法篇)》,北京大学出版社 2004 年版。

[⑦] 参见陈清秀:《利益均衡在税法上之运用》,载《东吴法律学报》2009 年第 3 期。

[⑧] 参见黄俊杰:《税捐正义》,北京大学出版社 2004 年版。

[⑨] 参见刘剑文:《〈税收征收管理法〉修改的几个基本问题——以纳税人权利保护为中心》,载《法学》2015 年第 6 期。

朱大旗、胡明对程序正义的理论剖析与制度构建;①施正文对征纳权利研究范式转换的证成;②熊伟对中美联邦税收程序的比较研究;③闫海对税收征管立法方向的建议;④腾祥志将《税收征管法》定位为纳税人权益保护之法、纳税服务之法和信赖合作之法,⑤等等。

对于自贸区的税收征管法律问题,张贻奏、周俊琪建议自贸区成立税务协调机构、建立区际税收信息等机制;⑥王婷婷认为上海自贸区尚处于试点探索阶段,现有税收优惠制度存在超越税法形式限度与实质限度的双重难题;⑦郭心洁认为在倡导现代服务业发展的背景下,自贸区内企业的创新经营有可能会突破传统经营思路,这对纳税主体和税务征管部门都产生了新的不确定因素,税务征管应当采取开放态度;⑧朱正萃认为传统上税务机关偏于注重发票流和现金流的严格匹配,在自贸区跨境交易资金灵活管理的情况下,资金如果汇总到集团运营中心下统一进行收付,就要求税务征管部

---

① 参见朱大旗、胡明:《正当程序理念下税收征管法的修改》,载《中国人民大学学报》2014年第5期。
② 参见施正文:《论程序法治与税收正义》,载《法学家》2004年第5期。
③ 参见熊伟:《美国联邦税收程序》,北京大学出版社2006年版。
④ 参见闫海:《税收征收管理的法理与制度》,法律出版社2011年版。
⑤ 参加腾祥志:《论〈税收征管法〉的修改》,载《清华法学》2016年第3期。
⑥ 参见张贻奏、周俊琪:《海峡两岸自由贸易区建设与税收协调——基于闽对台先行先试的思考》,载《福建论坛(人文社会科学版)》2010年第7期。
⑦ 参见王婷婷:《中国自贸区税收优惠的法律限度与改革路径》,载《现代经济探讨》2014年第4期。
⑧ 参见吕冬:《上海自贸区需在税收监管模式上进行探索创新》,载新华网,http://news.xinhuanet.com/ttgg/2014-10/25/c_1112972440.htm,2016年5月18日访问。

门对传统的监管思路作出调整,[①]等等。

上述研究都值得肯定,总体上对税收征管立法的理念、原则、制度等进行了有益的分析。然而,随着《税收征管法》中有碍可执行性问题的增加,如税收征管法与其他法律间的协调、税收信息共享机制、税收行政裁量权的适用规则等,于是,在中国特殊国情下,对于税收征管法中的法律主体、行为、程序以及责任等问题,仍有待深入研究。从立法的趋势看,民主立法、科学立法要求重大的税收法律在制定、修订的过程中进行立法前评估。从上述梳理来看,鲜有学者结合自贸区建设与税收征管法律制度改革的逻辑联系(参见图0-1),结合改革实践进一步进行《税收征管法》的修订研究。因此,本课题的研究具有较强的理论意义和实践价值。

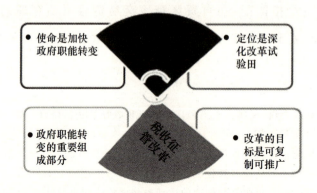

图0-1　自贸区建设与税收征管法律制度改革的逻辑联系

本课题的理论研究价值体现在:(1)有助于更新财税法的传统

---

① 参见吕冬:《上海自贸区需在税收监管模式上进行探索创新》,载新华网,http://news.xinhuanet.com/ttgg/2014-10/25/c_1112972440.htm,2016年5月18日访问。

理论,进一步完善财税法学的立场与理论;(2)打破传统上机械的立法对策研究,改变目前抽象的理论推导和简单的对外借鉴的研究现状,总结关于税收征管方面的上海自贸区改革经验,结合具体国情,论证与完善《税收征管法》的修订;(3)促进财税法研究方法的有机融合,综合运用规范分析方法、价值分析方法、社会学方法等研究方法,全方位、多角度、深层次地剖析、论证和推理自贸区建设中的税收征管法律问题。

本课题的应用价值表现为:(1)推动我国的财税法治建设,建立现代财政制度。自贸区的主要任务是通过实行税收政策改革、政府职能转变等多项措施,探索中国对外开放的新路径和新模式,实现以开放促发展、促改革、促创新,形成可复制、可推广的经验,服务全国的发展。(2)提供自贸区税收征管改革对策。传统的税收征管模式往往"重征管、轻服务",导致对企业的干预较多。作为改革的"试验田",自贸区建设的重心在于现行税收法律法规允许的范围内,最大限度地赋权还责给纳税人,为中国扩大开放和深化改革探索新思路和新途径。(3)提供我国《税收征管法》修订的意见。本课题将在纳税申报、减免税审批程序、一般纳税人认定等方面,积极探索如何提供"无缝"纳税服务,搭建跨部门信息共享平台等新型征管模式;同时探索如何将灵活、高效的监管方式与保障国家税收收入和维护纳税人基本权利的征管底线相结合,形成良性互动的征管模式,设计与监管需求相配套的征管制度,进一步为《税收征管法》的修订提供理论导向。

二、研究综述

从现有的文献来看,近年来,学术界关于上海自贸区建设与税收法治改革的研究主要集中在两个方面:一方面是结合国家实施自贸区战略的社会背景,从财税法制建设视角研究上海自贸区的历史定位和制度创新。有学者认为,与作为"政策洼地"的深圳特区不同,上海自贸区主要集中在制度创新上。从现实情况看,上海自贸区偏重于金融领域的开放,在财税领域现有的改革力度并不大,今后上海自贸区应积极开展制度创新,在预算公开透明、建设现代化的规范税制、优化税收征管方式等方面率先在全国推行,成为财税体制改革的窗口。[①] 有学者认为,投资便利化是上海自贸区的重要使命,新形势下促进投资的制度诱因不再是税收优惠,而是整体的税收法制环境建设,应当从实体税法、程序税法、反避税三个角度为上海自贸区创造低交易成本、高效、公平的投资环境。[②] 就自贸区的税收优惠制度而言,有学者建议应当理性看待税收优惠的正当性,并且有必要为其设定法律限度,避免因为"政策洼地""有害税收竞争"等造成负面影响。目前,上海自贸区的税收优惠制度尚处于试点探索阶段,存在超越税法形式限度与实质限度的双重难题,需

[①] 参见刘剑文:《法治财税视野下的上海自贸区改革之展开》,载《法学论坛》2014年第3期。

[②] 参见陈少英、吕铖钢:《投资便利化税收法律制度研究——以中国(上海)自由贸易试验区为背景》,载《晋阳学刊》2015年第3期。

要把握好国际化、法治化、市场化、合理化的多重进路。①

另一方面,学者们围绕《税收征管法》的修改这一主题,从理论上探讨《税收征管法》的立法理念、纳税人权利保护、涉税信息共享等具体问题。针对 2015 年 1 月国务院法制办公布的《税收征收管理法修订草案(征求意见稿)》②,有学者认为该立法取得了诸多可喜的进展,但是在树立现代税收治理观念、提升税务机关的有效治理与规范治理能力、加强和完善诚实推定权等纳税人权利等方面仍有待进一步改进。③ 有学者认为,正当程序理念作为税收征收管理法律关系主体行为的正当性依归,承载着内在价值和外在价值双重维度。该理念至少包括开放性、经济性、中立性三重维度的内在价值,同时具有法定性、平衡性和可操作性的外在价值。《税收征管法》的修订应当从保证建立和完善税收征管的正当程序出发,重构这一过程中的本体性和救济性法律程序机制,提高税收征管制度的正当性与合理性,从而进一步规范税收征管与缴纳行为,保护纳税人的合法权益。④

从立法的趋势来看,民主立法、科学立法要求重大的法律在制

---

① 参见王婷婷:《中国自贸区税收优惠的法律限度与改革路径》,载《现代经济探讨》2014 年第 4 期。

② 近年来,国务院法制办曾先后于 2013 年 6 月 7 日、2015 年 1 月 5 日两次公布不同内容的《税收征收管理法修订草案(征求意见稿)》,向社会各界公开征求意见。除有明确说明外,下文所说的《税收征收管理法修订草案(征求意见稿)》是指 2015 年 1 月 5 日国务院法制办公办的版本。

③ 参见刘剑文、陈立诚:《迈向税收治理现代化——〈税收征收管理法修订草案(征求意见稿)〉之评议》,载《中共中央党校学报》2015 年第 2 期。

④ 参见朱大旗、胡明:《正当程序理念下我国〈税收征收管理法〉的修改》,载《中国人民大学学报》2014 年第 5 期。

定、修订的过程中进行立法前评估。在现有的研究成果中,鲜有学者结合自贸区建设与税收征管法律制度改革的逻辑联系,从改革的实践效果出发进行《税收征管法》的修订研究。为打破传统上机械的立法对策研究,改变目前抽象的理论推导和简单的对外借鉴的研究现状,有必要从"试点—评估—推广"的思路总结上海自贸区在税收征管方面的改革经验,从而为《税收征管法》的修订提供理论导向。

三、内容框架

本课题的研究目标在于通过系统梳理和评估近年来上海自贸区实施的税收征管法治改革,从而进一步推广自贸区的成功经验和《税收征管法》的立法完善。本课题拟对上海自贸区的税收征管制度创新进行理念与规则全面的研究,研究思路在理念上体现为简政放权、为纳税人服务、诚实纳税推定等原则的探究,在规则层面则体现为对国家税务总局制定发布的《关于支持中国(上海)自由贸易试验区创新税收服务的通知》以及"税收一网通办、便捷优质高效"的10项税收创新服务措施进行梳理和阐释,提出《税收征管法》修订的具体方案并进行论证。在论证方法上的思路主要体现在以下三个层面:(1)本课题将以税种征管法最为发达的国家——美国为参照,对这些国家的税收征管文献进行全面的梳理和评述,对其有益经验进行借鉴,以期对我国的税收征管改革与立法有所裨益。(2)本课题组密切结合上海自贸区进行税收征管创新过程中遇到的法律问题,赴自贸区国家税务局、地方税务局进行实地调研,了解改革的具体措施、实际效果和改革方向。(3)本课题为理论与实践相结合的研究,在实地调研的基础上,结合立法动态和学术界的研究情况,有针对性地提出完善《税收征管法》的立法建议。

本课题以上海自贸区的税收征管改革为核心,研究的内容主要包括:

(1) 税收征管法治改革理念的突破与创新。税收征管法理念作为税收征管法内在价值与外在规范的灵魂依归,决定着税收征管法具体制度规范的建构。立足于现代税收征管法的理论基础,上海自贸区的税收征管法治改革实践必须遵循稽征正义、稽征和谐、程序正当等理念之引导,缓和税收征管法主体间的博弈冲突,实现利国家主义与利纳税人主义的结合,从而妥善保护纳税人的合法权益,最终实现国家税收利益的最大化。对于税收征管法治改革理念的阐释与探析,是本课题的难点与重点之一。

(2) 自贸区税收征管法治改革的具体实践。上海自贸区的功能定位在便利贸易的基础上践行深度和广度的探索,因此自贸区在税收征管法律制度方面作出了全方位的创新,新成立的自贸区税务分局采取了一系列全新的改革措施,提升审批质效、优化纳税服务。目前,我国的税收征管法律制度并不能真正实现投资领域和贸易环节的便利化,如何完善相关的税收征管法律制度是当下非常现实的问题。对于自贸区税收征管法治改革的具体实践进行规范分析,是本课题的重点内容之一。

(3) 自贸区税收征管法治改革的效果评估、经验提炼。从最初的目的来看,设立自贸区旨在促进经济的成长与发展动机,但该目的能否实现仍有待观察;在正当性上,自贸区的设置形成法制区分现象,与自由化的本质背道而驰,出现另一道法律适用上的鸿沟。

因此,在自贸区税收征管法治改革的过程中,需要将灵活、高效的监管方式与保障国家税收收入和维护纳税人基本权利的征管底线相结合,形成良性互动的征管模式,并设计与监管需求相配套的征管制度。在税收征管领域中进一步体现高效便捷、税制优化的要求,发挥自贸区示范、带动全国的积极作用,进而提炼出可复制、可推广的经验,也是本课题的难点之处。

本课题主要针对上海自贸区税收征管法律问题和《税收征管法》的修订完善进行研究。自贸区承载了改革开放和制度创新的多重目标,也为税收征管法制的创新提供了极大的空间。具体而言,本课题研究的总体结构如图 0-2 所示:

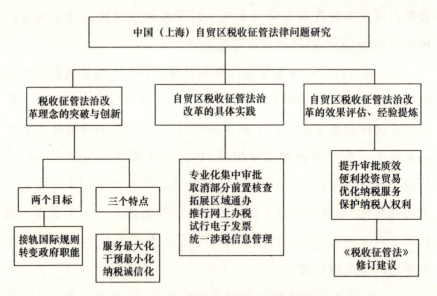

图 0-2　本课题研究的基本结构

本课题拟突破的重点是:(1) 对于自贸区税收征管法治改革的具体实践进行规范分析,运用财税法理论和立场对实践中的纳税申报、减免税审批程序、一般纳税人认定等方面进行分析,积极探索如何提供"无缝"纳税服务,搭建跨部门信息共享平台等新型征管模式。(2) 针对《税收征管法》的征求意见稿,结合自贸区的经验和教训,提出具体的修订意见。同时,探索如何将灵活、高效的监管方式与保障国家税收收入和维护纳税人基本权利的征管底线相结合,形成良性互动的征管模式,设计与监管需求相配套的征管制度,进一步为《税收征管法》的修订提供理论导向。

本课题拟突破的难点在于对税收征管法治改革的简政放权、纳税人保护、诚实纳税推定等理念予以详细阐释与探析,在此基础上进行抽象、提升,并依此指导《税收征管法》的修订与完善。

本课题的特色主要体现为理论与实践相结合,围绕上海自贸区建设展开,在对理论和实体制度建构的同时,以效率、安全、灵活、互动为综合指标提出自贸区税收征管制度改革的具体构想。

(1) 研究视角创新:上海自贸区建设是新的实践和新的命题,其功能和未来的定位在制度设计上存在一定的风险,而这种风险恰好是对现有法律制度的挑战。本课题从《税收征管法》的角度对自贸区实践中的不确定性作出积极的回应,并进行审慎的衡量。

(2) 研究内容创新:本课题涉及的实体制度和程序制度并非对税法体制的重新构建,而是结合自贸区不断涌现的实践需求,探索税收征管法律制度改革的思维深化和方式创新,从科学性和实用性维度提出可供选择的具体方案。

(3) 研究方法创新:本课题并未囿于规范分析和静态分析,而是以动态分析和过程控制来思考税收法制的理论和实践问题,对自贸区的政策推动给予充分的关注和尊重,结合经济学、社会学、政治学等不同学科的分析模式和研究方法,将税收征管法治改革实践融入宏大的政治、经济环境进行科学的考察。

本课题的研究广泛搜集世界各国与国际组织关于自贸区建设与税收征管方面的立法规范与理论研究成果,并对上海自贸区税收征管法治改革的不足进行实地调研与归纳总结。上海自贸区在税收征管上采取的创新举措是本课题的直接研究对象,了解这些创新的最终目的是发现问题、总结经验,最终回归到"评估—完善—推广"这个落脚点上,而科学地评估这些制度运行的效果,需要全面地认知这些创新措施。因此,围绕每一个研究对象,要从至少四个角度调研分析(参见图 0-3):制度设计者的自我评价、税务机关对制度运行的体验、纳税人的体验和外部评价。对应地,调研设计中也应安排三个方位的信息获取,即三个调研对象类别——税务机关、入驻的区内企业和外部主体(包括区内行业的业内专家、行业协会等)。

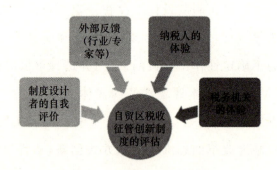

图 0-3 本课题的研究定位

本课题综合运用以下研究方法:一是法教义学方法,对自贸区创新税收征管服务的一系列法律文本进行规范分析;二是实证分析法,采用抽样调查等方式,对税务机关和企业进行实地调研,分析实践中存在的问题;三是比较分析方法,对发达国家、国际组织的税收征管立法、判例等进行比较研究,在借鉴参考的基础上,对自贸区税收征管法律的试点改革提供可行性建议。

第一章　目标与定位：上海自贸区的历史选择

> 中国（上海）自由贸易区试验区是在改革开放新的历史条件下，立足国家战略需要，顺应全球经贸发展新趋势，更加积极主动对外开放的重大举措。通过建立自由贸易试验区，以开放促改革，建立融入全球新格局新规则的"倒逼"机制，实现我国开放型经济的转型升级。①
>
> ——肖林

近年来，上海一直是改革开放、创新发展的前沿阵地，正在积极建设具有全球影响力的科创中心、推进国有企业改革、实施创新驱动发展战略，努力建成现代化国际大都市和卓越全球城市。作为我国政府设立的第一个区域性自由贸易园区，上海自贸区承载了多重角色，在分析具体的制度创新之前，有必要剖析其目标与定位，以便更好地了解改革的逻辑。

---

① 肖林：《国家试验：中国（上海）自由贸易试验区制度设计》，格致出版社、上海人民出版社2015年版，第1页。

"建设中国上海自由贸易试验区是党中央在新形势下推进改革开放的重大举措,要切实建设好、管理好,为全面深化改革和扩大开放探索新途径、积累新经验。"①从国际国内背景综合分析来看,改革开放的阶段性、层次性决定了自贸区建设不能沿用以往的改革措施,必须革新理念进行制度创新。只有这样,才能以改革创新总揽工作全局,始终立于改革开放潮头,走在创新发展前头,继续当好改革开放排头兵、创新发展先行者,为卓越全球城市建设提供更大动力,为全国改革发展做出更大贡献。②

第一节 上海自贸区设立的历史背景

改革开放三十多年来我国取得的巨大成绩举世瞩目。面对错综复杂的国际环境和艰巨繁重的国内发展现状,我国正面临着全面深化改革的历史任务。在新的历史时期,党和国家在这个时机点设立上海自贸区,自贸区建设成为重要的国家战略,是基于以下国际国内背景。

一、新发展理念下的对外开放与经济升级

从国际背景来看,我们需要统筹国内、国际两大资源,坚持"请进来"与"走出去"相结合的战略。加入 WTO 后,我国的国际贸易水平大幅度提高,对外开放水平也大幅度提高,但是与此同时,在贸

---

① 《中共中央关于全面深化改革若干重大问题的决定》。
② 参见刘靖北:《推进上海改革创新要有五个遵循》,载《解放日报》2017年6月13日。

易自由化、区域一体化的国际趋势下，美国、日本等国家先后签订TPP①等协议。这些对我国对外开放提出了新的机遇与挑战。一方面，我国需要以开放包容的心态积极融入全球市场，弱化贸易壁垒，取消和限制非关税壁垒，实现国家与地区之间商品、货物、资本和人员的自由流动。另一方面，对外开放应该是一个国际合作的过程，也是各国不断克服市场开放困难、充分谈判协商、注重利益博弈的结果。

改革开放期间，我国外向型经济战略的核心内容是"通过吸收直接投资来增进出口"以及"用市场换技术"。时至今日，这一战略的前提、目的、核心内容、实施方法、产业内容已经存在根本性差异。②我们必须改变以往那种以出口导向为特征的外向型经济，转变为以扩大内需为特征的经济全球化，即在扩大内需条件下争取更多的全球创新要素，提高对创新要素的全球配置能力，加速发展我国的创新型经济。这是目前我国转变经济发展方式、全面提升开放

---

① TPP协议全称为Trans-Pacific Partnership Agreement，即《跨太平洋伙伴关系协定》，也被称作《经济北约》，是目前重要的国际多边经济谈判组织，前身是《跨太平洋战略经济伙伴关系协定》(Trans-Pacific Strategic Economic Partnership Agreement)，其重要目标之一就是建立自由贸易，促进太平洋地区的贸易自由化。2009年11月，美国宣布参与TPP谈判，正式提出扩大跨太平洋伙伴关系计划，强调将以此促进就业和经济繁荣，为设定21世纪贸易协定标准做出重要贡献，建立一个高标准、体现创新思想、涵盖多领域和范围的亚太地区一体化合作协定。2016年2月4日，美国、日本、澳大利亚等由TPP12个成员国代表在新西兰奥克兰参加签字仪式，正式签署TPP协议。不过，这一由美国前总统奥巴马主导的TPP计划随着新任总统的上台而被搁置。2017年1月20日，新任总统特朗普就职当天宣布从12国的跨太平洋贸易伙伴关系中退出。

② 参见刘志彪：《新形势下全面提升我国开放型经济发展水平的战略及政策》，载《审计与经济研究》2012年第4期。

型经济发展水平的重要含义和核心内容,对此需要我们做好迎接开放型经济发展新阶段和战略转变的各项准备。

党的十八届五中全会提出了"创新、协调、绿色、开放、共享"的五大发展理念。其中,"开放"的发展理念要求我们"坚持开放发展,必须顺应我国经济深度融入世界经济的趋势,奉行互利共赢的开放战略,发展更高层次的开放型经济"。因此,国家明确提出,"形成全方位开放新格局,实现开放型经济治理体系和治理能力现代化,在扩大开放中树立正确义利观,切实维护国家利益,保障国家安全,推动我国与世界各国共同发展,构建互利共赢、多元平衡、安全高效的开放型经济新体制"①。

"任何一国国际贸易政策的制定都是以本国利益为基点的。检验自由贸易政策之效果的根本标准,应该是这种政策是否有利于国家利益的维护。"②在构建开放型经济新格局与新战略时,关键问题在于如何维护国家自身合法利益、建立合作共赢的新型国际税收关系。在开放经济的条件下,为了加快税收征管国际化进程,我们需要重点解决对跨国纳税人监管和服务水平不高、国际税收影响力不大等问题,减少各国间税制差异和征管漏洞,防范和打击国际逃避税,维护国家的税收主权和征管秩序。

二、自贸区建设必须处理好区域定位与全局视野的问题

改革开放后,我国先后在深圳、珠海、厦门等各地建立经济特

---

① 《中共中央、国务院关于构建开放型经济新体制的若干意见》。
② 高伟凯:《贸易自由化的国家利益原则》,载《国际贸易》2007年第3期。

区,带动了这些地区的飞速发展,但同时也加大了全国各地区间的发展不平衡。有鉴于此,现阶段我国在对外开放的同时必须坚持协调发展的理念,"增强发展协调性,必须在协调发展中拓宽发展空间,在加强薄弱领域中增强发展后劲。推动区域协调发展,塑造要素有序自由流动、主体功能约束有效、基本公共服务均等、资源环境可承载的区域协调发展新格局"①。

在协调发展的理念下,自贸区建设必须处理好区域定位与全局视野的问题。以往政府主导型的开放政策实行"以点带线""以线带面"的发展战略,先行先试的特权激发了中央与地方、地方与地方间"逐底竞争"的关系问题。这样的后果是加剧了地区间的恶性竞争,在全国范围内形成众多高低起伏、各自割裂的"政策洼地"。② 长此以往,这样将进一步削弱广大欠发达地区对外资的吸引力,加剧这些地区对外开放的滞后性。如何确保国家制度创新(包括税制改革)的公平、统一、规范,在全国范围内统筹规划、协调不同区域均衡发展是新时期改革开放的重要议题。因此,上海自贸区建设必须按照国家统一要求,坚持从全局出发,运用宏观战略统摄性地进行制度创新。

总体而言,上海的经济在全国处于领先地位,但是自贸区与经济特区不一样的地方即在于,每个名字中都冠有"中国××自由贸易试验区"。这就决定了上海自贸区是定位于全国性的自由贸易试验区,而不是区域性的自贸区。作为改革的试验田,上海自贸区承

---

① 《中共中央关于制定国民经济和社会发展第十三个五年规划的建议》。
② 例如,改革开放之初,国家先后在深圳、珠海、汕头、厦门等地设立了经济特区,赋予这些地区单独立法权、比内地低一半的企业所得税税率等优惠条件。

载着为我国"全面深化改革和扩大开放探索新途径、积累新经验"的历史重任,其目标在于"建构一个促进和推动自贸试验区建设和发展的基本制度框架","通过制定条例,提炼可复制可推广的制度创新经验"①。从扩容后广东、福建、天津等各地自贸区的定位来看,上海自贸区着眼于全国发展和新一轮改革开放,利用先行先试的优势,探索统一适用的外商投资负面清单等制度创新,致力于建设公平竞争、统一开放的市场环境,并对其他自贸区产生辐射效应。

三、全面推进依法治国与法治经济建设

对于改革与立法的关系,改革开放的总设计师邓小平同志有过经典的论断:"我们现在所干的事业是一项新事业,马克思没有讲过,我们前人没有做过,其他社会主义国家也没有干过。所以,没有现成的经验可学,我们只能在干中学,在实践中摸索。""我们现在做的事都是一个试验,对我们来说,都是新事物,所以要摸索前进。"②这种先改革后立法的改革观是当时特定历史时期的产物,但是现在法学理论上已为学者所批评。在依法治国的大背景下,我们不能再重复摸着石头过河的路子,而要做到"凡属重大改革都要于法有据",实行从"政策推动"到"法治引领"的转变。

---

① 《中国(上海)自由贸易试验区总体方案》明确提出了这一目标,党的十八届三中全会通过的《关于全面深化改革若干重大问题的决定》也对上海自贸区作了同样的定位表述。参见刘剑文:《法治财税视野下的上海自贸区改革之展开》,载《法学论坛》2014年第3期。

② 邓小平:《建设有中国特色的社会主义》,载《邓小平文选》(第三卷),人民出版社1993年版,第174页。

理论上,经济法治战略是国家法治战略的重要组成部分,强调以法治的思维和方式治理经济活动、促进经济发展。在重启改革的背景下,我们特别要注意处理好改革与法治的关系。以往的改革,我们遵循的是"先改革后立法"的路线。但是在社会主义法律体系已经建成的今天,如果继续坚持这一做法,将极易逾越法律的底线,出现大量违规违法行为,破坏法律的权威和法律的秩序。因此,我们应当遵循"先立法后改革"或"先修法后改革"的路线,用法治来固定和护卫改革的既有成果,用法治尤其是以立法(包括修法)来引导推动改革的新举动。①

因此,自贸区建设必须处理好政策倾斜与法治统一的关系。改革开放以来,为了吸引外资,较长时期内我国对外资企业和外国居民实行"超国民待遇"的倾斜性政策。除了优惠于内资企业的税收待遇外,涉外税收的征收管理甚至也是按照各个涉外税法的有关条款执行。在效率优先、发展至上的理念指引下,短时期内实行这样的税收制度有其合理性,但是"一个国家税收制度的价值取向在不同的时期是有所侧重的。'公平'和'效率'到底孰轻孰重,孰先孰后,没有永恒不变的标准,要视具体的时代背景和具体税种而定"②。不同的纳税人适用各自的税收法律,纳税人之间获得迥异的差别待遇,这显然有悖于税法的平等原则,同时也违背了公平发展的理念。这种内外有别的制度不利于民族产业的长远发展和国

---

① 参见顾功耘:《论重启改革背景的经济法治战略》,载《法学》2014年第3期。

② 陈鹭珍:《保护纳税人权利价值取向下的税制改革成就》,载《税务研究》2009年第2期。

家间的公平竞争,最终将制约对外开放的可持续性。从长远来看,对外开放离不开法律的引导、规范和保障,营造良好的法治环境需要坚持法治统一原则。为了营造更加开放、公平、便利、友好的投资环境,形成全方位、宽领域、多层次的对外开放格局,自贸区建设必须在法治的框架内进行,实行"中性"开放体制。①

"中国(上海)自由贸易试验区的成立是基于中国进一步深化开放与改革需要的国家战略,从法治的视角来看,自由贸易试验区为中国法治建设开启了新的议题。"②就财税领域而言,我们需要"树立法治理念,依法理财,将财政运行全面纳入法制化轨道。"对此,有学者提出"理财治国"理念,认为这一全新的理念意味着民主理财、民生理财、绩效理财和法治理财;意味着国家在财政收入方面要合理、合法和合宪,在财政支出方面要公开、公平和公正,在财政管理方面要有规、有序和有责。③ 在全面深化改革的背景下,我们有必要积极推动"理财治国"这一新型国家治理模式的展开和落实。

四、全面深化财税体制改革的程序法维度

财税制度是治国理财的重大支柱,对此,十八届三中全会明确

---

① "中性"开放体制是指在税制、企业自主权、市场地位、外汇管制、行政许可等各个方面,对贸易和要素的双向流动都给予平等地位,没有特殊和突发因素,不再特别支持或约束某个方面,实现商品、服务、要素和人员更加自由的双向流动。参见江小涓:《中国开放三十年的回顾与展望》,载《中国社会科学》2008年第6期。

② 郑少华:《论中国(上海)自由贸易试验区的法治新议题》,载《东方法学》2013年第6期。

③ 有关"理财治国"的概念与要求,参见刘剑文:《治国全景中财经法治的展开》,载《江汉论坛》2014年第3期。

提出:"财政是国家治理的基础和重要支柱,科学的财税体制是优化资源配置、维护市场统一、促进社会公平、实现国家长治久安的制度保障"①。至此国家将财税改革提到了前所未有的高度。如何全面深化财税体制改革,建立现代财政制度,是新时期的历史重任。

长期以来,我国理论界与实践层面都存在"重实体,轻程序"的倾向,学者们倾向于将财税体制改革局限于实体层面,认为实体方面的内容是改革的全部。其实,税制改革固然很重要,但是程序也有其独立价值。一方面,程序架构决定了实体层面改革的内容和次序。另一方面,程序对于实体改革具有反作用,起着积极促进或消极妨害的作用。

对于税制改革、税收征管改革间的关系,笔者认为税收程序法的价值突出地表现在限制和规范税务机关的征税权行使、最大限度地保护纳税人的合法权利上。一方面,坚持依法治国策略,落实税收法定原则,不断推进税收征管体制改革和征管能力现代化,"建成与国家治理体系和治理能力现代化相匹配的现代税收征管体制"。这其中需要特别警惕实务中久为诟病的"依计划征税""依文件征税"而非"依法征税"的问题。如何将税法从"征税之法"转变到"规范税收征纳关系、保护纳税人权益之法",做到应收尽收,不征收过头税,按照法律本身的运行逻辑依法治税并为法律共同体所接受,可谓任重道远。

另一方面,我们应当坚持纳税人本位的税法理念②,确保国家和

---

① 《中共中央关于全面深化改革若干重大问题的决定》。
② 关于纳税人为本的理念,参见徐孟洲:《论法的和谐价值与财政法核心理念》,载《重庆大学学报(社会科学版)》2008年第4期。

政府在课税征税和用税各个环节实现良法善治,确保纳税人纳明白税、诚信税、公平税、便利税、满意税。具体而言,税法的立法应当简单明了,税收政策应口径统一、指向明确;税收立法和执法应充分尊重纳税人,做到信任合作、诚实推定,保护纳税人的信赖利益;课税与征税应使纳税人的税负与其能力相适应,避免税收歧视、税负不公;税制设计、税收稽征应坚持便利原则,提高税务行政效率,最大限度地减轻纳税人负担;税收的筹集和使用应以纳税人需求为着眼点,从纳税人的角度出发开展工作,尤其用税环节应急纳税人之所急,想纳税人之所想,提高纳税服务绩效和纳税人满意度。①

第二节 政策试验区:先行先试与法治引领

改革开放是我国的基本国策,上海自贸区的设立是我国继续贯彻落实这一战略的重大举措,也是我国进一步融入全球化的坚定步骤。就国家层面而言,上海自贸区意义重大,其设立可以进一步促进我国更加全面、更高水平地对接全球贸易实践与制度建设,牢牢抓住发展机遇,产生巨大的经济效益。② 上海自贸区是我国建立的第一个自由贸易试验区,具有先行先试的政策优势。但是,这与改革开放初期的经济特区以及后来设立的综合配套改革试验区都不一样,如何深刻理解这一含义,是明确自贸区目标定位和历史使命

---

① 参见李慈强:《论青少年税收法治教育的误区及其匡正》,载《中国青年社会科学》2016 年第 2 期。

② 参见熊晓辉、谭志娟、李正豪:《上海自贸区意义可比当年深圳特区》,载《中国经营报》2013 年 9 月 16 日。

的关键。

一、自贸区与经济特区、综合配套改革试验区的比较及定位

党的十一届三中全会确立改革开放的政策方针以来,我国先后通过设立经济特区、综合配套改革试验区、自贸区等不同形式来全面进行经济社会改革。

这些都是我国在改革开放进程的不同历史阶段,由国家最高决策层推出的重大改革举措,从改革举措出台的背景、动因等方面进行比较和思考,有助于我们更深入地理解当前的"自贸区"建设在我国"全面深化改革"中的功能和意义。① 相较而言,自贸区在设立依据、设立目的和主要内容等方面具有明显的不同(参见表1-1)。

表1-1　经济特区、综合配套改革试验区、自贸区的比较

类别	成立时间	设立依据	设立目的	主要内容
经济特区	1979年4月首次提出"出口特区",1980年3月改为"经济特区",在深圳、珠海、汕头等地设立6个经济特区	第五届全国人大常委会第十五次会议批准《广东省经济特区条例》等系列文件	以税收优惠措施等手段,通过创造良好的投资环境,鼓励外商投资,引进先进技术和管理方法,促进特区所在地经济发展	在特定区域内实行特殊政策、进行特别管理;管理机构有权制定因地因时制宜的特区管理条例;自主性强,具有地方立法权

---

① 参见黄卫平:《我国改革进程中的经济特区与自贸区之比较》,载《深圳大学学报(人文社会科学版)》2015年第6期。

(续表)

类别	成立时间	设立依据	设立目的	主要内容
综合配套改革试验区	2005年6月至今,经国务院或国家改委批准先后设立上海浦东新区、天津滨海新区等12个国家综合配套改革的试验区	国务院常务会议批准上海浦东新区进行社会主义市场经济综合配套改革试点,国务院颁布《推进天津滨海新区开发开放有关问题的意见》,国家发改委下发《关于批准重庆市和成都市设立全国统筹城乡综合配套改通知》,等等	改变单纯强调经济增长的发展观,从经济发展、社会发展、城乡关系、土地开发和环境保护等多个领域推进改革,形成相互配套的管理体制和运行机制	以制度创新为主要动力,以全方位改革试点为主要特征,对全社会经济发展带来深远影响,核心在于"综合配套"
自贸区	2013年9月29日中国(上海)自由贸易试验区正式成立。2014年12月31日,国务院正式批复设立第二批自贸试验区,包括天津、广东、福建	国务院批准,下达《中国(上海)自由贸易试验区总体方案》等系列文件	先行先试,为全面深化改革和扩大开放探索新途径、积累新经验	通过提升贸易便利化水平、放宽投资准入等措施提高开放水平和质量,深度参与国际规则制定,拓展开放型经济新空间,促进全面深化改革

从改革的理念来看,上海自贸区重视全面深化改革的体系性,更加重视各项改革措施之间的关联性、互动性、耦合性。这突出地表现在系统集成的改革理念上,上海自贸区管委会和浦东新区政府合署办公,在浦东这个完整的一级政府框架下探索自贸区改革。合署办公并不是简单的合二为一,而是按照自贸区的要求改造一级政府,重视改革措施的"系统集成"。以"非禁即入"的负面清单管理模式为例,在这一理念的指导下,政府工作重心由事前审批转为事中

事后监管。要实现"宽进严管",必然对社会信用体系建设提出更高的要求,涉及税务、工商、质检、海关等部门,现在的改革可谓一环扣一环,内在都有联动关系。只有这样进行全面改革,才能增强各方面、各领域、各层次改革的协调性、联动性和配套性。

基于上述原因,上海自贸区被誉为中国改革的"试验田"和对外开放的"窗口"。《中国(上海)自由贸易试验区总体方案》明确提出:"试验区肩负着我国在新时期加快政府职能转变、积极探索管理模式创新、促进贸易和投资便利化,为全面深化改革和扩大开放探索新途径、积累新经验的重要使命,是国家战略需要。"因此,上海自贸区的定位在于制度创新,核心任务在于探索形成一批可复制、可推广的经验,进一步促进全面深化改革。为了建设国际化、市场化、法治化的营商环境,上海自贸区在投资管理、贸易便利化、金融创新、服务业开放、事中事后监管等方面进行了积极的制度创新。

二、依法治国背景下的自贸区建设

在改革开放的历史过程中,我国逐渐确立了依法治国的指导思想,经历了从摈弃法律、忽视法律到尊重法律、法律至上的转变过程。从1978年至今,作为改革开放新时代的重要内容,我国开始了依法治国的历史性进程,先后经历了先期的理论准备和法治实践,以及后期的正式确立依法治国方略并进一步推进法治国家建设两个发展阶段。[①] 2014年10月,十八届四中全会通过了《关于全面推

[①] 参见李步云:《依法治国历史进程的回顾与展望》,载《法学论坛》2008年第4期。

进依法治国若干重大问题的决定》，明确指出依法治国是党领导人民治理国家的基本方略，依法执政是党治国理政的基本方式，我们需要高度重视法治建设，积极建设社会主义法治。在之后的"四个全面"的战略布局中，①习近平同志认为："要把全面依法治国放在'四个全面'的战略布局中来把握，深刻认识全面依法治国同其他三个'全面'的关系，努力做到'四个全面'相辅相成、相互促进、相得益彰。"②依法治国在整个战略布局中的重要地位由此可见。

理论上而言，自由贸易区有广义和狭义之分。前者是指两个或两个以上国家、地区通过协商谈判，签署专门的自由贸易协定，③各方承诺通过分阶段地取消或降低关税和非关税壁垒，完善市场准入条件，进一步开放市场，促进商品、服务、资本、技术、人员等生产要素的自由流动，最终实现贸易和投资的自由化。近年来，我国积极促进对外贸易往来，先后建成了中国—东盟自贸区④，同时，中日韩自贸区也进入实质性的谈判进程中。

---

① "四个全面"是指以习近平为首的新一届中央领导集体提出的治国理政总体框架，具体包括全面建成小康社会、全面深化改革、全面依法治国、全面从严治党四个方面。

② 《习近平在省部级主要领导干部学习贯彻十八届四中全会精神全面推进依法治国专题研讨班开班式上的重要讲话》，载人民网 http://military.people.com.cn/n/2015/0203/c172467-26495348.html，2017 年 8 月 2 日访问。

③ 自由贸易协定即 Free Trade Agreement，是指独立的关税主体之间以自愿结合方式，就贸易自由化及其相关问题达成的协定。

④ 2010 年 1 月 1 日，中国—东盟自贸区正式建立，成员国包括中国和东盟 10 国，即文莱、印度尼西亚、马来西亚、菲律宾、新加坡、泰国、柬埔寨、老挝、缅甸和越南。这是中国对外治谈的第一个自由贸易区，也是世界上由发展中国家组成的最大贸易区。

但是,国际上通常从狭义上来理解自由贸易区。根据1973年的《京都公约》①的规定,自由贸易区意味着在一个国家的特定领土上,运入的所有货物在缴纳进口关税和其他税收时,被视为是在关境以外,并且不受正常的海关监管制度。这是国际上最权威的定义,从上述表述可见,自由贸易区的核心是强调"境内关外"的自由贸易。从目前建设情况来看,上海自贸区是在原有的外高桥保税区、外高桥保税物流园区、洋山保税港区和浦东机场综合保税区4个海关特殊监管区域基础上设立的,因此属于狭义的自由贸易园区。

2013年8月,为了配合上海自贸区建设,全国人大常委会授权国务院就法律法规的适用范围进行局部调整,规定在上海自贸区内可以暂时调整实施有关法律法规。从内容上看,主要包括两个方面,一是改革外商投资管理模式,对国家规定实施准入特别管理措施之外的外商投资,暂时停止负面清单外相关的行政审批,改为备案管理(参见表1-2);二是扩大服务业开放,暂时调整对船舶登记、国际海运、征信业管理等有关行政审批以及有关资质要求、股比限制、经营范围限制等准入特别管理措施。②

---

① 全称为《关于简化和协调海关业务制度的国际公约》,1973年5月18日由海关合作理事会在日本京都召开的第41/42届年会上通过,其主要内容在于简化和协调各国的海关业务制度,促进国际贸易往来。这是国际上第一个正式涉及自由贸易区的国际规范。

② 参见《全国人民代表大会常务委员会关于授权国务院在中国(上海)自由贸易试验区内暂时调整有关法律规定的行政审批的决定》。

表1-2 上海自贸区暂时调整有关法律规定的行政审批情况

事项	法律规定	调整内容
外资企业设立审批	《外资企业法》第6条规定:"设立外资企业的申请,由国务院对外经济贸易主管部门或者国务院授权的机关审查批准。审查批准机关应当在接到申请之日起九十天内决定批准或者不批准。"	暂时停止实施该项行政审批,改为备案管理
外资企业分立、合并或者其他重要事项变更审批	《外资企业法》第10条规定:"外资企业分立、合并或者其他重要事项变更,应当报审查批准机关批准,并向工商行政管理机关办理变更登记手续。"	暂时停止实施该项行政审批,改为备案管理
外资企业经营期限审批	《外资企业法》第20条规定:"外资企业的经营期限由外国投资者申报,由审查批准机关批准。期满需要延长的,应当在期满一百八十天以前向审查批准机关提出申请。审查批准机关应当在接到申请之日起三十天内决定批准或者不批准。"	暂时停止实施该项行政审批,改为备案管理
中外合资经营企业设立审批	《中外合资经营企业法》第3条规定:"合营各方签订的合营协议、合同、章程,应报国家对外经济贸易主管部门(以下称审查批准机关)审查批准。审查批准机关应在三个月内决定批准或不批准。合营企业经批准后,向国家工商行政管理主管部门登记,领取营业执照,开始营业。"	暂时停止实施该项行政审批,改为备案管理
中外合资经营企业延长合营期限审批	《中外合资经营企业法》第13条规定:"合营企业的合营期限,按不同行业、不同情况,作不同的约定。有的行业的合营企业,应当约定合营期限;有的行业的合营企业,可以约定合营期限,也可以不约定合营期限。约定合营期限的合营企业,合营各方同意延长合营期限的,应在距合营期满六个月前向审查批准机关提出申请。审查批准机关应自接到申请之日起一个月内决定批准或不批准。"	暂时停止实施该项行政审批,改为备案管理

（续表）

事项	法律规定	调整内容
中外合资经营企业解散审批	《中外合资经营企业法》第14条规定："合营企业如发生严重亏损、一方不履行合同和章程规定的义务、不可抗力等，经合营各方协商同意，报请审查批准机关批准，并向国家工商行政管理主管部门登记，可终止合同。如果因违反合同而造成损失的，应由违反合同的一方承担经济责任。"	暂时停止实施该项行政审批，改为备案管理
中外合作经营企业协议、合同、章程重大变更审批	《中外合作经营企业法》第7条规定："中外合作者在合作期限内协商同意对合作企业合同作重大变更的，应当报审查批准机关批准；变更内容涉及法定工商登记项目、税务登记项目的，应当向工商行政管理机关、税务机关办理变更登记手续。"	暂时停止实施该项行政审批，改为备案管理
中外合作经营企业转让合作企业合同权利、义务审批	《中外合作经营企业法》第10条规定："中外合作者的一方转让其在合作企业合同中的全部或者部分权利、义务的，必须经他方同意，并报审查批准机关批准。"	暂时停止实施该项行政审批，改为备案管理
中外合作经营企业委托他人经营管理审批	《中外合作经营企业法》第12条第2款规定："合作企业成立后改为委托中外合作者以外的他人经营管理的，必须经董事会或者联合管理机构一致同意，报审查批准机关批准，并向工商行政管理机关办理变更登记手续。"	暂时停止实施该项行政审批，改为备案管理
中外合作经营企业延长合作期限审批	《中外合作经营企业法》第24条规定："合作企业的合作期限由中外合作者协商并在合作企业合同中订明。中外合作者同意延长合作期限的，应当在距合作期满一百八十天前向审查批准机关提出申请。审查批准机关应当自接到申请之日起三十天内决定批准或者不批准。"	暂时停止实施该项行政审批，改为备案管理

这一举措是我国法律适用的重要创新,为上海自贸区进行改革扫除了法律障碍,同时也是坚持依法治国、贯彻法治引领改革的重要表现。要"明规定"、不要"潜规则",这是上海自贸区从成立开始就已经明确的法治化方向。为此,上海自贸区自身要不断加强法治建设,力求以法治引领改革、规范创新。

2014年2月,习近平同志在召开全面深化改革领导小组会议时提出,"凡属重大改革都要于法有据",强调"在整个改革过程中,都要高度重视运用法治思维和法治方式,加强对相关立法工作的协调"。"要先立法后推行,确保一切改革举措都在法治轨道上进行,不允许再存在法治轨道之外的改革试点。"[①]这是对上海自贸区改革的进一步确认和重要部署,上海自贸区的具体实践也进一步体现了这一思想。

三、改革与立法的关系:政策推动 VS 法治引领

与经济特区建设采用"摸着石头过河"的方式不同,上海自贸区虽然获得了先行先试的资格,但是这并不意味着其天然地享有政策特权。事实上,上海自贸区真正的"本事"是靠自身改革,而非政策优惠。如何为自贸区建设去除法律障碍,这就需要正确处理立法与改革的关系。

党的十八届四中全会通过的《关于全面推进依法治国若干重大问题的决定》指出:"建设中国特色社会主义法治体系,必须坚持立

---

① 宋识径:《习近平:凡属重大改革都要于法有据》,载《新京报》2014年3月1日。

法先行,发挥立法的引领和推动作用。"在全面社会改革的社会背景下,"改革发展对立法的要求,已经不仅仅是对实践经验的总结,更要借助立法做好顶层设计、引领改革进程、推动科学发展;不仅仅是对实践的被动回应、事后总结和局部反映,更要对改革进程和社会现实进行主动谋划、前瞻规划和先导推进"①。如何提高立法的预期性、指导性和科学性,发挥立法的导向功能、推动作用和保障价值,确保在法治的框架内推进改革,这是新时期赋予立法在法治建设和全面深化改革中的重要地位和时代使命。

"过去的立法模式,通常是先试点,总结经验之后上升为法律,立法是为了总结和巩固改革经验。但这种模式将成为历史。"②对于改革而言,法治的功能与作用主要体现在:第一,法治为改革的有序展开提供了程序性的规范。第二,法治为改革提供了合法性的基础。第三,法治可以把改革的成果巩固下来。把改革的成果写在法典里,是巩固改革成果的最好方式。③ 在法治改革观看来,在全面推进依法治国的进程中,对于法治与改革关系的看法应当与时俱进,需要处理好动态法治与深化改革的具体措施之间的关系,遵循法治先行、改革附随的理念,使得现代法治对深化改革的引领作用发挥出来。④

---

① 孙良胜:《发挥立法的引领和推动作用》,载《南方日报》2014年12月6日。
② 宋识径:《习近平:凡属重大改革都要于法有据》,载《新京报》2014年3月1日。
③ 参见喻中:《改革中的法治与法治下的改革》,载《北京日报》2014年6月30日。
④ 参见陈金钊:《用"法治改革观"指导自贸试验区建设》,载刘晓红、贺小勇主编:《中国(上海)自由贸易试验区法治建设蓝皮书》,北京大学出版社2016年版,第11—15页。

为了维护国家法制的统一性,体现立法的前瞻性、预期性和科学性,上海市人大常委会严格按照立法程序及时作出《关于在中国(上海)自由贸易试验区暂时调整实施本市有关地方性法规规定的决定》,并设定了风险可控的制度,规定了为期三年的试验期,实施日期与全国人大常委会、国务院相关决定的施行日期相衔接。对实践证明可行的,应当修改完善相关地方性法规;对实践证明不宜调整实施的,恢复施行有关地方性法规。这既显示了地方立法与时俱进、充分发挥引领和推动经济与社会发展的积极作用,同时也彰显了立法机关充分尊重立法的科学规律,对立法行为采取积极又审慎的科学态度。①

第三节 政策洼地 VS 制度创新:有害税收竞争与税收公平

长期以来,税收政策在我国的对外开放进程中发挥着十分重要的作用,尤其是税收优惠制度被视为地方政府招商引资的重要手段。但是,税收优惠制度容易带来政策洼地、有害税收竞争等负面效应。在依法治国、全面深化改革的背景下,自贸区建设需要审慎地对待税收优惠以及引起的有害税收竞争,正确处理对外开放与税收公平的关系。

---

① 关于这方面的详细介绍,参见丁伟:《以法治方式促进自贸试验区先行先试》,载《上海人大》2013 年第 10 期。

一、对外开放、涉外立法与税收优惠

改革开放初期,为了吸引外资、稳定投资预期,我国的税收立法呈现出"先外资,后内资,再统一"的先后顺序(参见表1-3)。从内容来看,这些立法主要是运用税收优惠措施进行招商引资。"概括来说,我国税收优惠措施主要是以优惠税率与减免期相结合,对急待发展的行业和地区给予特别优惠,以此指导外商投资方向,鼓励外商引进先进技术,扩大产品出口,增加外汇收入。"[①]

表1-3 改革开放以来我国涉外税收立法情况

颁布时间	名称	主要内容	主要目的	立法背景
1980年9月10日	《中外合资经营企业所得税法》	赋予中外合资经营企业"三免两减半"[②]等优惠措施	根据对外开放的政策,适应开办中外合资经营企业的新情况	1978年十一届三中全会确立实行对内改革、对外开放的政策
1981年12月13日	《外国企业所得税法》	明确外国企业所得税适用五级超额累进税率以及10%的地方所得税,后者可由省级地方政府决定减征或者免征	为了有利于吸引外资,加强我国对外经济合作和技术交流	进一步贯彻实施改革开外政策

---

① 翁晓健:《我国涉外税收优惠效应评析与重构》,载《财金贸易》1997年第8期。

② 1983年9月2日第六届全国人民代表大会常务委员会第二次会议修订的《中外合资经营企业所得税法》第5条规定:"合营企业的合营期在十年以上的,经企业申请,税务机关批准,从开始获利的年度起,第一年和第二年免征所得税,第三年至第五年减半征收所得税。"

（续表）

颁布时间	名称	主要内容	主要目的	立法背景
1986年10月11日	国务院《关于鼓励外商投资的规定》	对于产品出口企业、技术先进等外商投资企业给予特别优惠	为了改善投资环境，更好地吸收外商投资，引进先进技术	进一步贯彻实施改革开外政策
1988年4月13日	《中外合作经营企业法》	合作企业依照国家规定可以享受减税、免税的优惠待遇	为了扩大对外经济合作和技术交流，促进外国主体在中国境内共同举办中外合作经营企业	进一步贯彻实施改革开外政策
1991年4月9日	《外商投资企业和外国企业所得税法》	规定设在经济特区、沿海经济开放区的外商投资企业，减按15%的税率征收企业所得税；省级地方政府对鼓励外商投资的行业、项目，可以决定免征、减征地方所得税	吸引外商投资，鼓励外国投资者在经济特区、沿海经济开放区等地设立外资企业，发展国民经济	进一步贯彻实施改革开外政策
2007年3月16日	《企业所得税法》	内外资企业统一实行新的企业所得税法；统一适用新的企业所得税率；进一步统一和规范税前扣除办法和标准；统一税收优惠政策，实行"产业优惠为主，区域优惠为辅"的税收优惠体系	改变以往内外有别、"双轨制"的企业所得税法改革，统一税负，促进内外资企业公平竞争	2001年，中国加入WTO，社会主义市场经济建设不断取得进步

从上述表格可见,对外开放初期我国主要是利用税收优惠政策和差别待遇,吸引和利用外国直接投资。从实施效果来看,税收优惠带来的效果比较复杂。一方面,内容上是以企业所得税优惠为主,主要体现在区域优惠上。这导致经济特区与非经济特区间、沿海开放城市与内陆城市间地区发展不协调,导致地方政府间为招商引资不断提高优惠措施,进而形成恶性竞争。另一方面,就其历史作用而言,虽然税收优惠是国家实现社会正义的重要公共政策工具,突显了公民基本权利保障这一根本的价值观念,有利于提高资源的优化配置和经济效率,[①]但是就涉外税收优惠而言,这一内外有别的税制存在明显的缺陷。这一税制给予外资企业税收优惠,实际上外资企业享受超国民待遇,违背了公平待遇原则。

"在不同的历史时期,税收活动的基本任务不同,决定了各种税收立法理念在税收总体活动中的优先顺序、主次地位的不同。"[②]对此,我们应当承认对外开放的阶段性,历史地、辩证地看待税收优惠制度。改革开放之初,为了吸引外资、发展经济,在效率优先、发展至上理念指引下,短时期内实行这样的税收制度有其合理性,但是"一个国家税收制度的价值取向在不同的时期是有所侧重的。'公平'和'效率'到底孰轻孰重,孰先孰后,没有永恒不变的标准,要视具体的时代背景和具体税种而定"[③]。不同的纳税人适用各自的税

---

① 参见钱俊文:《关于税收优惠正当性的考辨》,载刘剑文主编:《财税法论丛(第7卷)》,法律出版社2005年版,第112—130页。
② 陈少英:《论现代服务业营业税法的改革取向》,载《政法论丛》2012年第1期。
③ 陈鹭珍:《保护纳税人权利价值取向下的税制改革成就》,载《税务研究》2009年第2期。

收法律,纳税人之间获得迥异的差别待遇,这显然有悖于税法的平等原则,同时也违背了公平发展的理念。这种内外有别的制度不利于民族产业的长远发展和国家间的公平竞争,最终将制约对外开放的可持续性。从长远来看,对外开放离不开法律的引导、规范和保障,营造良好的法治环境需要坚持法治统一原则。为了营造更加开放、公平、便利、友好的投资环境,形成全方位、宽领域、多层次的对外开放格局,自贸区建设必须在法治的框架内进行,实行"中性"开放体制。①

二、有害税收竞争与税收优惠的限度

对于税收优惠引起的负面效应,学术界用"有害税收竞争"来进行归纳。OECD 在 1998 年做的题为《有害税收竞争:一个正在出现的全球性问题》报告中,明确提出了"有害的税收优惠制度"的概念,认为有害的税收优惠制度损害了国家税制结构的统一和公平,不利于纳税人自觉依法纳税,同时也增加了税务机关的管理成本和纳税人的守法负担。②

---

① "中性"开放体制是指在税制、企业自主权、市场地位、外汇管制、行政许可等各个方面,对贸易和要素的双向流动都给予平等地位,没有特殊和突发因素,不再特别支持或约束某个方面,实现商品、服务、要素和人员更加自由的双向流动。参见江小涓:《中国开放三十年的回顾与展望》,载《中国社会科学》2008 年第 6 期。

② See OCED. Harmful Tax Competition: An Emerging Global Issue, April 1998. available at http://www.oecd.org/tax/transparency/44430243.pdf,2017-5-26. 中文译本参见经济合作与发展组织:《有害税收竞争:经济合作与发展组织的两个研究报告》,国家税务总局国际税务司译,中国税务出版社 2003 年版。

具体而言,可以用下面四个标准判断是否构成有害税收优惠:第一,一项税收对于纳税人而言是低税率或零税率,纳税人不负担税收或仅有名义上的税收;第二,对于国内市场统一适用的税收制度而言,该税收优惠制度部分或全部地与其隔离开来,制度围栏效应非常明显;第三,对于税收优惠制度缺乏完善的信息披露规则,没有形成公开透明的税收环境;第四,税收优惠制度缺乏情报交换机制,导致"实质性经营活动"标准很难得到很好的落实。①

"税收优惠是国家利用税收杠杆调控经济的重要手段,是国家为实现一定的社会政治或经济目的,通过制定倾斜性的税收法规政策来豁免或减少税收负担的行为,它是为了实现国家的阶段性政策目标服务的。"②对此,该学者指出,为了实现特定的政策目标,实践中需要运用比例原则对税收优惠进行规范审查。具体而言,一是适当性审查,税收优惠具有极强的价值追求和目的取向,为了扶持产业发展、鼓励市场消费、实现公共目的,实践中必须选择特定的手段;二是必要性审查,理论上实现税收调控目的的方式多种多样,在税收优惠措施的正当性上,量能课税原则和税收公平原则要求将其负面效应降到最低限度;三是均衡性审查,从利益衡量的角度出发,在价值取向上要求政策目标所追求的公共利益远大于牺牲平等课

---

① See OCED. Harmful Tax Competition: An Emerging Global Issue, April 1998. available at http://www.oecd.org/tax/transparency/44430243.pdf,2017-5-26. 中文译本参见经济合作与发展组织:《有害税收竞争:经济合作与发展组织的两个研究报告》,国家税务总局国际税务司译,中国税务出版社2003年版。

② 叶金育、顾德瑞:《税收优惠的规范审查与实施评估——以比例原则为分析工具》,载《现代法学》2013年第6期。

税的私法利益,即实施效果与预期目的间保持合比例性。①

改革开放以来,我国一直面临着税收优惠政策尤其是区域优惠政策内容过滥、形式过多、种类过杂、"政出多门"的混乱局面。党的十八届三中全会决定对此明确要求遵循"统一税制、公平税负、促进公平竞争的原则"②进行税收优惠的清理规范。对此,学者认为应当按照量能课税、合比例性、税收法定等法治原则,构建一个兼具实质合理性和形式合法性的税收优惠法律体系。③

上海自贸区设立之初,有舆论认为自贸区将继续实行税收优惠制度,对符合条件的企业减按15%的税率征收企业所得税。对此,官方表示,上海自贸区建设的重要原则是经验可复制、可推广。现行《企业所得税法》第4条规定:企业所得税的税率为25%,企业所得税实行15%的优惠政策不具备在全国可复制、可推广的可能性。

三、公平视野下的自贸区税收法律制度创新

为了维护税制统一、实现税收公平,有学者建议我国自贸区采取以下税收优惠的改革路径:一是国际化路径,在税制设计及管理方面应充分尊重国际惯例,在保证财政收入的同时,强调税收公平和国民待遇原则,确保较高的税收效率;二是法治化路径,为了弥补

---

① 叶金育、顾德瑞:《税收优惠的规范审查与实施评估——以比例原则为分析工具》,载《现代法学》2013年第6期。
② 《中共中央关于全面深化改革若干重大问题的决定》。
③ 参见熊伟:《法治视野下清理规范税收优惠政策研究》,载《中国法学》2014年第6期。

法定性与透明度不足,应不断加强中央层面立法,提高自贸区税收优惠的统一性、透明度要求,同时也减少税收执法的随意性;三是市场化路径,尽量减少税收优惠,税收制度更加中性化,改变税收档次和税收优惠过多造成竞争不公平的现象,保障对经济的扭曲效应最小;四是合理化路径,以公平原则为基础对税收优惠制度进行合乎比例的设计,从适当性角度考察税收优惠应能促成公益目的,从均衡性角度对税收优惠达成公共利益的可行性和所能达到的程度进行评估,从而实现税收公平。①

2013年9月,国务院发布的《中国(上海)自由贸易试验区总体方案》中明确提出,上海自贸区建设在营造税收制度环境时,必须遵循两个前提:一是"维护现行税制公平、统一、规范";二是"符合税制改革方向和国际惯例,以及不导致利润转移和税基侵蚀"。

基于上述原因,2014年国务院实施了清理规范税收优惠政策的工作,明确要求"除法律规定的税政管理权限外,各地区一律不得自行制定税收优惠政策;未经国务院批准,各地区、各部门不得对企业规定财政优惠政策。要全面清理已有的各类优惠政策,包括与企业签订的合同、协议、备忘录、会议或会谈纪要以及'一事一议'形式的请示、报告和批复等,违反国家法律法规的优惠政策一律停止执行"②。

因此,《中国(上海)自由贸易试验区条例》第35条明确提出:"税务部门应当在自贸试验区开展税收征管现代化试点,提高税收

---

① 参见王婷婷:《中国自贸区税收优惠的法律限度与改革路径》,载《现代经济探讨》2014年第4期。

② 《国务院关于清理规范税收等优惠政策的通知》(国发〔2014〕62号)。

效率,营造有利于企业发展、公平竞争的税收环境。税务部门应当运用税收信息系统和自贸试验区监管信息共享平台进行税收风险监测,提高税收管理水平。"

当然,上海自贸区建设也在上述前提下,采取了少量的税收优惠措施。具体而言,事实上上海自贸区先后出台了鼓励投资、促进贸易的多项税收政策,涉及企业所得税、个人所得税、增值税、消费税和关税等多个税种,包括征税、退税等多方面的优惠措施。① 但是总体上而言,上海自贸区的税收法治建设主要是围绕税收程序法展开,在税收征管上进行具体的制度创新。

---

① 具体内容参见郭维真:《上海自贸区税收优惠政策的相关问题研究》,载陈少英:《东方财税法研究》(第4卷)》,法律出版社2015年版,第39—54页。

第二章　理念与原则：自贸区税收征管改革的指导思想

党的十八大以来，中国发展所出现的具有根本性和深远意义的变化，是处于从不够均衡、协调、可持续的发展向系统性、整体性的协调发展转换的新阶段。从本体论的视角看，整体性应是当今中国经济社会发展的本质属性或根本特征；从方法论的视角看，整体性是当今中国经济社会发展的重要认识和实践方法，我们要从整体性视角把握、分析、评价和解决发展问题。[①]

——邱耕田

党的十八届三中全会指出，经济体制改革是全面深化改革的重点，核心问题是处理好政府和市场的关系，使市场在资源配置中起决定性作用和更好地发挥政府作用。[②] 对此，政府的职责主要是推进简政放权、放管结合、优化服务改革，协调市场运行与发展，这是政府引领、适应经济新常态的必然选择，政府应当排除阻碍、突破藩

[①] 邱耕田：《发展哲学的五大前沿课题》，载《人民日报》2016年3月21日。
[②] 参见《中共中央关于全面深化改革若干重大问题的决定》。

篱，运用法治思维、法治方式，推行"放、管、服"改革，尽快、尽早地确立"放、管、服"职责体系，使之造福于市场经济，推动市场经济健康运行和平稳发展。①

自贸区建设是党和国家新时期提出的国家战略，必须坚持全新的理念与原则，通过制度创新的方式进一步解放思想，只有这样才能实现深化改革的目标。从具体的制度创新来看，上海自贸区在税收征管改革上体现了简政放权、稽征便宜和诚实推定这些法律理念与原则，从而最大限度地实现干预最小化、纳税诚信化与服务最大化。

第一节 简政放权思想与干预最小化

长期以来，税务机关在税收征管过程中强调国库中心主义，对纳税人实行控制倾向的税务管理。在法律父爱主义②的指导下，管制经济过于强调政府权威，社会中充斥着诸多的"强制性管理"，这容易导致"政府失灵"。近年来，国家开启了简政放权的改革，将其作为全面深化改革的"先手棋"和转变政府职能的"当头炮"。上海自贸区在税收征管改革中突出了简政放权的思想，妥善处理政府与

---

① 参见孙天承：《政府协调市场运行与发展职责的法治化路径》，载《法学》2017年第3期。

② 法律父爱主义可以理解为"政府对公民强制的爱"，是指管理人出于增加当事人利益或使其免于伤害的善意考虑，不顾当事人的主观意志而限制其自由的行为。善意的目的、限制的意图、限制的行为、忽视当事人意志，这些是构成法律父爱主义的重要内容。参见孙笑侠、郭春镇：《法律父爱主义在中国的适用》，载《中国社会科学》2006年第1期。

市场的关系。

一、简政放权思想及其应然要求

简政放权是"精简行政"和"释放权力（利）"的合称，前者是指政府通过简化程序转变政府职能，后者是指政府需要将集中的权力下放或者还给市场。从内容上来看，简政放权思想表现在两个方面：一是"简政"，通过简化程序避免"吃、拿、卡、要"的现象，做到最大限度地方便行政相对人，也就是大家经常说的"让居民和企业少跑腿、好办事、不添堵"。二是"放权"，将集中的权力下放或者还给市场。具体而言，一方面中央政府需要向地方政府下放权力，通过下放行政审批事项、赋予地方政府自主权，充分调动和发挥地方政府在经济、政治、社会、文化等各项领域改革的积极性、主动性；另一方面需要正确处理好政府和市场的关系，建立政府的权力清单制度，锁定改革和管理的底线，让经济活动更多地按市场规律办事，充分发挥市场在资源配置中的决定性作用。

简政放权源于行政法理论上的比例原则，"比例原则不仅是行政法的皇冠原则，而且是社会管理和国家治理的基本原则，该原则要求政府在社会管理中应当注意管理手段与管理目的之间的适当性、必要性和相称性，不能欲治反乱，不能为了某一管理目标而付出极端高昂之成本，不能给人民加诸过重之负担"[①]。具体而言，比例原则在传统理论上分为三阶论，包括适当性原则、必要性原则与均

---

① 沈开举、程雪阳：《比例原则视角下的社会管理创新》，载《现代法学》2012年第2期。

衡性原则：适当性原则，是指公权力行为的手段必须具有适当性，能够促进所追求的目的的实现；必要性原则要求公权力行为者所运用的手段是必要的，手段造成的损害应当最小；均衡性原则要求公权力行为的手段所增进的公共利益与其所造成的损害成比例。①

简政放权思想要求重塑政府与市场的关系，反映了由全能政府向有限政府、由管制型政府向服务型政府转变的倾向。传统上，政府在国家的经济社会生活中呈现"全能主义"的倾向，通过各种行政手段进行全面的经济管理和社会管理，政府充当了生产者、监督者、控制者多重角色。但是事实上，这样"大而全"的政府往往是不经济的，效率低下，容易出现"政府失灵"的情形。在市场经济条件下，市场在资源配置的过程中起决定性作用，可以通过市场解决的问题应当由市场自行解决，只有在市场解决不了的时候，政府才会积极介入。换言之，有限政府反对政府部门对市场干预过多，或者缺位、错位的情况，强调充分发挥市场作用，在市场主导下突出政府的有效作用。这要求我们理顺政府与市场的关系，推动市场化改革。今后政府职能转变的关键是规范政府的职能，做到有所为、有所不为，"不该管的坚决不管，该管的要坚定不移地管好、管出水平"。在有限政府理念下，政府应当更多地向社会提供"公共服务"，进一步加强和改善政府的服务功能，实现政府职能的"廉洁、勤政、务实、高效"。

十八届三中全会提出，必须切实转变政府职能，深化行政体制

---

① 参见刘权：《目的正当性与比例原则的重构》，载《中国法学》2014年第4期。

改革,创新行政管理方式,增强政府公信力和执行力,建设法治政府和服务型政府。同时,要健全宏观调控体系,全面正确履行政府职能,优化政府组织结构,提高科学管理水平。①"长期以来,政府对微观经济运行干预过多、管得过死,重审批、轻监管,不仅抑制经济发展活力,而且行政成本高,也容易滋生腐败。推进简政放权、放管结合,就是解决这些突出矛盾和问题的关键一招,也紧紧抓住了行政体制改革和经济体制改革的核心,把握了完善社会主义市场经济体制、加强社会建设的要害。"②

二、国库中心主义与税收征管的现有问题

国库中心主义是指税务机关在执法中以筹集税收为中心,出发点主要是确保国家税款的及时、足额入库,而不是从纳税人立场出发保护私人财产权、维护纳税人权益。在国库中心主义传统思维的范式下,"相当长时间里,法学对税收的认识都是从国家本位出发,一般将税收定义为国家为实现其公共职能而凭借其政治权力,依法强制、无偿地取得财政收入的一种活动,突出其强制性与无偿性。虽然理论上的税收债权债务关系说成为主流,但实践中税收征纳仍然表现出相当的权力服从性"③。从现有的税收征管程序而言,税收征管法仍然定位在管理导向的基础上,国库中心主义色彩浓厚,

---

① 参见《中共中央关于全面深化改革若干重大问题的决定》。
② 李克强:《简政放权放管结合优化服务深化行政体制改革切实转变政府职能》,载《人民日报》2015年5月15日第2版。
③ 刘剑文、陈立诚:《国家变迁的财税法观察——以税收观念演进为线索》,载《江淮论坛》2015年第3期。

具体而言表现在以下方面：

一是在行政审批制度上，税务机关存在税务行政审批事项较多、审批程序烦琐、审批效率低下等问题，在一定程度上制约了市场主体的创造活力。因此有学者指出，推进职能转变，要通过简政放权，深化税务行政审批制度改革，下决心把不该管的放给市场、交给社会、还给基层，最大限度地减轻纳税人办税负担、方便纳税人缴税，激发市场主体创业创新活力，增强经济发展的内生动力。①

二是在税务稽查与税务检查的关系上，由于现有的制度体系不仅对税务稽查没有明确的界定，同时现行有效的规范性文件之间也存在不一致或矛盾之处，导致对税务稽查基本内涵和外延的不明确。② 实践中，税务机关将税务稽查与税务检查混为一谈，存在税务稽查机构设置不合理、稽查机构缺乏独立性、地方政府干预较为严重；税务稽查法制不完善，税务稽查立法层次低，部分税务稽查的法律条款缺乏可操作性；稽查成本较高，不符合税收的最小征收费用原则等诸多问题。更为重要的是，税务稽查由于选案随意性较大，案源选择存在盲目性，导致对部门纳税人进行频繁稽查，造成税负不公，影响税收环境的公平、公正。

三是在管理模式上，存在着行政主导、单一僵化的局限。由于税收征管主要依赖纳税人登记和税务检查等方面获取的信息资料，缺少纳税人在日常生产经营活动中的动态数据，加之税务机关现在

---

① 参见温彩霞、刘嘉怡、于嘉音、岳倩：《简政放权为经济发展添活力增动力——税务行政审批制度改革不断深化》，载《中国税务》2014年第12期。

② 参见刘剑文：《中国税务稽查的法律定位与改革探析》，载《安徽大学法律评论》2007年第2期。

是"以票控税"为指导思想,难以全面掌握纳税人情况。另外,税务机关目前还没有建立健全综合治税体系,征管效率和质量有待进一步提高。

当然,简政放权的思想并不意味着政府撒手不管,而是要"放管结合"。易言之,这需要厘清政府与市场的关系,充分发挥市场的主体地位,从而做到"简"出效率、"放"出活力。深化征管改革并不是要把所有的事务都管"死",而是要秉持放开前端与管住后端相结合的理念,既要放开准入,为市场主体"松绑",又要依法监管,维护公平、公正的税收秩序。具体而言,要在事前审批上做"减法",改变过去主要依靠审批、备案等事前管制手段的监管方式,为纳税人办理税务登记、领购发票、申报纳税和减免税提供更大的方便,还权、还责于纳税人。同时,在后续管理上加强事中和事后的监管,及时发现和化解税收风险,尽可能堵塞管理漏洞,防止税收流失。[①]

三、适度监管与合理干预:税收征管中政府与市场的关系

"目前,我国税法在价值模式上,属于典型的'效率模式',表现为以国库主义和保障国家税收利益为理念,强化征税权和税收征管,以保障税款的及时、足额入库,纳税人的权利在法律上没有得到系统的确立和保护,侵犯纳税人权利的现象较为严重,税法在很大程度上还是'管理法'。"[②]这在税收征管法中表现得更为明显。如

[①] 参见龙岳辉:《征管现代化:税收现代化的"主引擎"》,载《中国税务报》2014年11月12日。

[②] 施正文:《中国税法通则立法的问题与构想》,载《法律科学(西北政法学院学报)》2006年第5期。

何处理税收征管中政府与市场的关系,实现适度监管与合理干预,将是税收征管改革的重要使命。

首先,在税务机关建立和完善权力清单制度。通过分门别类、全面彻底地梳理税务机关的行政职权,逐项列明设定的法律依据;依法逐条逐项对行政职权进行合法性、合理性和必要性审查;公布税务机关的权力清单,积极推进责任清单;坚决取缔各类无谓证明和烦琐手续,凡没有法律法规依据的证明和盖章环节原则上一律取消。

其次,简化行政审批程序、创新服务方式。税务机关不要干预市场交易与决策选择,让市场发挥决定性作用。税务机关依托"互联网+"推进网上办理和受理咨询,以政务大厅、网上办事大厅等为重要载体,实行行政审批标准化、信息化,减少行政部门的自由裁量权,优化办事流程,在规范权力运行、优化服务、提高行政效能上取得重要进展。

最后,"简政放权,一是要简政,政府只管自己应该管和必须管的事;二是要放权,放权不能单纯理解为把权下放到下级、基层。放权还包括,把公民、组织自己可以决定的权力放还个人、组织;把基层自治组织和社会组织,包括行业组织、中介组织等能够自律的权力放给基层自治组织和社会组织,这才是更重要的。这就是中央提出的要建设国家治理体系,党委领导、政府负责、社会协同、公众参与、法治保障"[①]。这也是社会管理综合治理创新建设在税收征管方面的具体内容,如何充分发挥这些基层自治组织和社会组织的作用,是上海自贸区改革的重要内容。

---

① 应松年:《简政放权的法治之路》,载《行政管理改革》2016年第1期。

第二节　稽征便宜主义与纳税服务最大化

理论上，税收程序法的价值之一便是讲求行政效率，如何实现这一价值也十分重要，这也是税收程序法自身的独立价值所在。现代税法理论已经从权力分配论向债权债务说转变，"这一理论改变了传统理论上纳税人仅仅是义务主体而不是权利主体的观点，将纳税人视为权利主体、而且是与国家具有同等法律地位的主体。这一革命性的观点要求我们重构现有的税收征管程序，由传统的'命令—服从'模式向'请求—同意'形式转变，从而平等地保护国家的征税权和纳税人的财产权"[①]。

一、稽征便宜主义的法律内涵及其应然要求

"现代社会里，国家具有高昂的征税成本，需要耗费巨大的人力、物力、财力来筹措税收收入。同时，纳税人履行纳税义务需要承担纳税成本。因此，如何尽量减少征税费用和纳税费用，最大限度地缩小税收的"名义收入"与"实际收入"间的差距尤为重要。[②] 税收讲求行政效率的思想由来已久，有学者将其概括为便利、节省原则。前者强调税制应使纳税人缴税方便，包括纳税的时间、方法、手续简便易行；后者即所谓的"最少收费用原则"，"一切赋税的征收须

[①] 李慈强：《纳税人教育：税收征管法治建设的新议题》，载《江汉论坛》2016年第7期。

[②] 参见李慈强、宫伟瑶：《税收效率原则视野下增值税扩围的法律审视》，载《青海师范大学学报（哲学社会科学版）》2013年第5期。

设法使人民所付出的尽可能等于国家所收入的"。① 税收要讲求行政效率,就应该尽可能科学、简明地制定税法,简化税制。②

理论上,稽征便宜主义的法律内涵十分丰富,既包括传统意义上的税收征收效率原则,也包括更为广义的税收中性原则。具体而言,税收征收效率原则是指在税收征管过程中,税务机关应穷尽一切方式减少给产业活动因国家征税造成的不必要损失,以最小的征收成本(费用或额外损失)获得更多的税收收入,使税收行政得到优化。税收行政效率原则一般应含有如下部分:保障征税有法可依的基本规范,执行征税的精干的税务机构,具有可操作性的征收制度,畅通的征税信息流程,最少的征税成本(费用或额外损失)。税收征管效率的一个重要组成部分则是税收行政效率,主要考察变量是征税成本和纳税成本。征税成本是指税务机关为实现税收收入进行税收管理时所耗费的人力、物力、财力以及其他管理费用;纳税成本则是指在纳税过程中纳税义务人履行纳税义务的各种费用。

广义的税收中性原则是指国家征税从整个经济系统的角度来考察对资源的合理配置和经济机制的有效运行是否产生正效应,衡量采用税收的经济成本和经济收益的比值。经济成本包括纳税人因缴纳税款的各种支出,比如因征税可能导致的额外损失,申报及聘请税务代理、办理登记等。税收中性原则要求以尽可能少的经济成本获取尽可能多的经济收益,集中反映了在税收分配过程中投入

---

① 参见〔英〕亚当·斯密:《国民财富的性质和原因的研究》,郭大力、王亚南译,商务印书馆1972年版,第385页。
② 参见李慈强、宫伟瑶:《税收效率原则视野下增值税扩围的法律审视》,载《青海师范大学学报(哲学社会科学版)》2013年第5期。

与产出的关系,体现了一定时间维度内国家为税收投入的与所获得的累积资金、调控及监管经济等方面的成果或效率之间的对比关系。

表 2-1　纳税遵从变量及纳税遵从与不遵从类型①

变量	纳税遵从类型	纳税不遵从类型
强制	防卫性、制度性遵从	—
自利	自我服务性遵从	自私性不遵从
习惯	习惯性遵从	习惯性不遵从
合法性/公平性	忠诚性遵从	象征性不遵从
社会压力	社会性、代理性遵从	社会性、代理性不遵从
确定性/遵从负担	懒惰性遵从	程序性、无知性、不惰性遵从

二、税收征管中的纳税服务及其应然要求

理论上,纳税服务在税务机关的整个税收征收管理过程中占据着非常重要的地位,涵盖税务机关向纳税人提供的,旨在方便纳税、促进税收遵从的所有活动。"纳税服务最早兴起于二战末期的美国,在 20 世纪 70 年代注重税收成本和保护纳税人权益的双重目标时代背景下,纳税服务逐渐成为世界各国税收征管发展的一种潮流

---

① See Robert Kidder, Craig McEwen. Taxpaying Behavior in Social Context: A Tentative Typology of Tax Compliance and Noncompliance. Taxpayer Compliance, Vol. 2, Edited by Jeffrey A. Roth, John T. Scholz, Philadelphia: University of Pennsylvania Press, 1989, p.49. 转引自国家税务总局纳税服务司:《国外纳税服务概览》,人民出版社 2010 年版,第 12 页。

和趋势。"①对于纳税服务的重要性,国际货币基金组织曾有专家将税收征管体系比成一座"金字塔"(参见图2-1),把纳税服务置于塔的最底层,使之成为支撑整个"金字塔"的根基,其重要性可见一斑。②

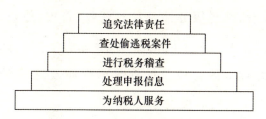

图2-1 "金字塔"税收征管体系

纳税服务源于新公共管理理论提出的"管理即服务"观点,这一点也是新时期税收征管改革的新方向。在经历了封建国家的家计财政之后③,民主社会中的财政税收在性质上属于"取之于民,用之于民,造福于民",公共财政支出安排要充分体现以人为本的精神,为广大人民群众的利益服务,努力促进和谐社会建设。因此,有学者提出"纳税人为本是我国财政法理念的核心"④。在"为国聚财,

---

① 张秀莲:《基于税收信息化条件下我国纳税服务体系的构建》,载《税务研究》2009年第8期。

② 参见李传玉:《从税法遵从的视角考量纳税服务工作的优化和完善》,载《税务研究》2011年第3期。

③ 在封建制度下,"普天之下莫非王土","皇粮国税"被认为是民众天然的义务。统治者居于最高地位,在财税法律制度上,纳税人毫无主体地位可言,只有义务,没有权利。在用途上,财政主要用于供养各级领主及其家族。参见刘剑文、陈立诚:《国家变迁的财税法观察——以税收观念演进为线索》,载《江淮论坛》2015年第3期。

④ 徐孟洲:《论法的和谐价值与财政法核心理念》,载《重庆大学学报(社会科学版)》2008年第4期。

为民收税"的理念下,税务机关是政府体系中重要的公共服务部门,为纳税人提供纳税服务,"想纳税人之所想,急纳税人之所急"是税务机关的基本职责。

近年来,理论界对纳税服务讨论较多,意见纷呈,从纳税服务的主体和内容来看,纳税服务涉及税收征收、管理、检查、司法救济等诸多环节,可以分为三个不同的层面(参见表 2-2)。就本文讨论的内容而言,上海自贸区在税收征管改革中涉及这些层面的各个方面,因此采取广义上的纳税服务概念。

表 2-2 纳税服务的层次观

层次	具体类别	具体内容	特点与地位
第一层次	纳税服务中心	税务机关内设机构的纳税服务,如税务咨询、纳税辅导	纳税人的直观感受明显,是纳税服务的核心和关键
第二层次	税务机关整体纳税服务	除了上述外,还包括纳税服务的整体规划、纳税宣传等	提高纳税服务的整体性、长期性和有效性
第三层次	社会纳税服务	既包括税务机关的纳税服务,也包括政府部门其他机构的纳税服务,如税务司法救济、税务援助等	整个公共服务的有益组成部分

三、税收遵从:税收管理与纳税服务的关系之辩

在税收遵从理论看来,运用分类管理的思路合理地识别和区分不同纳税人的税收遵从度,是提高税务机关征管资源配置效率的有

效途径。为此,有学者系统梳理了影响纳税人遵从的各项因素,对纳税遵从与不遵从进行了条分缕析的梳理(参见表2-3、表2-4)。税务机关可以借此针对不同类型的纳税人采取有针对性的管理策略,同时这也为制定政策和完善立法提供了基础支持,有利于提高征管制度的运行效率。

长期以来,我国的税收征管实践存在着严重的"重征管、轻服务"倾向。"如果税务机关真想要实现减少避税、提高纳税人自愿遵从的目标,就应该摒弃传统的高压强制策略。研究显示纳税人更乐于接受和回应税务机关积极的、提供帮助型的行政方式。"① 这一研究成果加上现实征纳关系矛盾的激化,直接促成了西方国家税务行政理念从强制向服务的全面变革。

对于税收管理与纳税服务的关系,有学者认为,"税务机关最根本的职责是为政府组织财政收入,所以在税收分配过程当中,管理是基础,征收是目的,稽查是保证,征税的过程是税务机关管理与服务统一的过程,管理与服务不是对立的,而是统一的"②。税务机关应当秉持纳税人中心的立场,以科学发展观为指导,结合税收债务关系理论,重构税收征纳关系,突出税务机关的服务意识,从而改善税收征纳关系。③

---

① 转引自丁一:《国外税收征管的最新趋势》,载《税务研究》2008年第2期。
② 王凌:《搞好纳税服务必须转变观念》,载《中国税务报》2006年9月20日第8版。
③ 参见李慈强:《税收征纳关系的改革与完善》,载《沈阳师范大学学报(社会科学版)》2013年第2期。

近年来,国家税务总局提出了"服务科学发展,共建和谐税收"的口号,要求按照"法治公平、规范高效、文明和谐、勤政廉洁"的具体要求推进纳税服务建设。正如《"十二五"时期纳税服务工作发展规划》指出的那样,今后我们要"基本形成以理论科学化、制度系统化、平台品牌化、业务标准化、保障健全化、考评规范化为主要特征的始于纳税人需求、基于纳税人满意、终于纳税人遵从的现代纳税服务体系"①。通过税收管理与纳税服务的关系,最终建立信任、合作、友好、和谐的税收征纳关系。

表 2-3 遵从与不遵从类型②

遵从的变量	遵从的类型	不遵从的类型
强迫	防卫性遵从、制度性遵从	
自身利益	利己性遵从	利己性不遵从
习惯	习惯性遵从	习惯性不遵从
合法与公平	忠诚性遵从	象征性不遵从
社会压力	社会性遵从	社会性不遵从
税务代理	代理性遵从	代理性不遵从

---

① 《"十二五"时期纳税服务工作发展规划》(国税发[2011]78号)。
② See Robert Kidder, Craig McEwen. Taxpaying Behavior in Social Context: A Tentative Typology of Tax Compliance and Noncompliance. Taxpayer Compliance, Vol. 2, Edited by Jeffrey A. Roth, John T. Scholz, Philadelphia: University of Pennsylvania Press, 1989, pp. 47—75. 转引自国家税务总局纳税服务司:《国外纳税服务概览》,人民出版社2010年版,第12页。

表 2-4　纳税遵从与不遵从类型①

类型		具体表现
税收遵从	防卫性遵从	纳税人有逃避纳税义务的企图,但对逃避纳税被发现的概率估计较高,十分惧怕受到严厉处罚,所以依法纳税
	制度性遵从	纳税人有逃避纳税义务的企图,但税收制度和税收征管十分严密而没有逃税机会,结果是不自觉地履行纳税义务
	忠诚性遵从	纳税人对纳税义务具有正确的认识,同时,税收服务比较完善,纳税人能自觉、准确、及时地履行纳税义务
税收不遵从	自私性不遵从	纳税人具有自私自利之心,将自身利益与公共利益对立,为了自身利益,有意采取各种办法逃避纳税
	无知性不遵从	纳税人主观上没有逃税企图,但对税法规定的纳税义务、纳税程序不了解,往往不能全面、准确、及时地履行纳税义务
	情感性不遵从	纳税人对政府行为、财政支出的使用方法、税收制度不公平、自身权利缺乏保障不满意,为发泄不满情绪,有意识地逃避纳税

第三节　诚实推定原则与纳税诚信化

在债权债务说看来,税收是公法上的法定之债,纳税人仅负有给付义务。这一学说改变传统观点将征税作为依职权的行政行为。这一观点承认了纳税人与税务机关的平等性,承认了纳税人的主体地位。因此,税务机关在依法征税时应当充分尊重纳税人的独立人

---

① 参见马国强:《社会主义市场经济条件下的税收管理》,载《税收政策与管理研究文集》,经济科学出版社 2000 年版,第 230 页。

格与法律尊严,避免征税给纳税人带来繁重的负担。具体而言,"征税机关向纳税人征税时,必须首先假定纳税人是诚信纳税人,推定纳税人在处理纳税事宜时是诚实的,并且承认纳税人所说的情况属实以及所递交的资料是完整和准确的,如无充足证据,不能对纳税人是否依法纳税进行无端怀疑并采取相应行为"[①]。诚实推定原则是对纳税人主体人格的尊重,赋予纳税人诚实推定权有利于保障纳税人人格尊严不受侵犯,同时也有助于纳税人高效地履行纳税义务。

一、诚实推定原则的法律意蕴

诚实推定原则,又称诚信推定原则,是指按照这一原则,纳税人有权被税务机关推定为及时、合法地履行了纳税义务,其纳税申报是诚实有效的,除非税务机关有充分确凿的证据。理论上,纳税人被税务机关置于诚实纳税推定的地位而免受无端怀疑,是其依法享受的基本权利之一,这对于保护纳税人权利、规范税务机关征税行为进而实现税收法治具有重要意义,因此这一原则被法治发达国家视为税法的基本原则之一。

这一原则类似于刑法上的"无罪推定原则",主要在于防御税务机关对纳税人的非合理怀疑,保障纳税人的人格尊严和私人财产权。为有效保护纳税人正当合法权益,厦门市地税局在全国税务系统首开先河,于2009年8月出台了《关于对纳税人适用"无过错推

---

① 刘剑文:《〈税收征收管理法〉修改的几个基本问题——以纳税人权利保护为中心》,载《法学》2015年第6期。

定"原则的指导意见》(以下简称《意见》)。《意见》规定税务机关实行"无过错推定"原则,并要求在全系统各执法环节中规范、有序地推广应用,《意见》一经推出,得到业内专家和学者的广泛好评。《意见》规定的"无过错推定原则",具体来说分为以下五个方面:第一,证据不确凿当然不违法。当税务机关在没有确凿证据能够证明纳税人存在涉税违法行为时,不应认定或推定纳税人存在涉税违法行为,也不得预先推定纳税人有过错而限制纳税人的正当权利。第二,谁主张谁举证。税务机关若主张纳税人存在违法行为,需负有举证责任,并且证据的获得,须通过合法手段、法定程序。第三,纳税人陈述权、申辩权享有时限规定。税务机关作出处理决定前,纳税人依法享有陈述权和申辩权,若纳税人提出的理由和证据成立的,税务机关应当接受。第四,处理有利于纳税人原则。当处理决定在与立法意图、法律精神和税法原则不相悖的前提下,定性争议的处理应当兼顾情理,即按照有利于纳税人的原则作出处理。第五,法定或酌定从轻、减轻或免予行政处罚情节优先适用原则。当纳税人符合上述情节时,税务机关应当作出相应处理,适用最有利于纳税人的情节。

从实际效果来看,厦门市地税局在全系统内对纳税人所推行的"无过错推定"原则,有利于维护纳税人的合法权益,也是税务机关作为行政执法部门创新社会管理、将公权力约束在制度的"栅栏"里来保障行政相对人权利,是在推进依法治税、维护纳税人合法权益方面所进行的有益创新。

二、诚实推定原则的应然要求与现实困境

借鉴需求层次理论的观点,通常而言,纳税人对于纳税服务的需求同样也具有层次性,由较低层次到较高层次排列依次可划分为生存保障、公平确保、纳税遵从、纳税礼遇与自主纳税等多个层次。对于纳税人不同层次的需求,税务机关在依法征税与管理、提供纳税服务时应有所侧重。诚实推定原则对应于纳税人的纳税礼遇、自主纳税等权利需求,在需求层次的较高区域,因此对税务机关的要求更高。具体而言,诚实推定原则具有丰富的内涵,在税收征管的过程中应当包括以下要求:

首先,诚实推定原则要求税务机关对纳税人从无端怀疑到尊重信赖型转变。税务机关要求纳税人对自身申报的真实性负责,税务机关除非已经掌握确凿的证据证明纳税人具有逃税、漏税等违法事实,否则不得歧视纳税人。换言之,诚实推定原则主张税务机关应当充分信任、尊重纳税人,强调纳税人的主体地位,即纳税人作为市场经济的主体,是社会财富的直接创造者,更是国家税收收入的源头。一旦纳税人不缴税,国家税收将成为无源之水不可持续。所以,税务机关必须牢固树立纳税人为本的观念,将纳税人服务作为税务机关的工作导向。纳税人主体观念的树立是一项长期、系统的工程,需要在税收制度的制定、纳税方式的提供以及管理流程的设置等方面,充分体现相信纳税人、尊重纳税人、方便纳税人、服务纳税人,才能够切实维护纳税人的合法权益,从而真正保障纳税人的主体地位。

其次,诚实推定原则要求征纳关系从威慑对抗型向信赖合作型转变。按照诚实推定原则的规定,税务机关在征税过程中必须遵循

所有纳税人都被视为诚实守信、积极纳税的,其财产权利、生活自由和生产秩序不受非法干预。换言之,除非有充足的证据证明纳税人违法,否则税务机关必须推定纳税人在处理纳税事宜时是诚实的,承认其递交的资料是真实、完整和准确的,不能对纳税人是否依法纳税进行无端怀疑。在信赖合作主义的指导下,税务机关与纳税人之间应保持充分的相互信任,要求税务机关树立诚实推定的观念,把稽查、处罚与激励措施结合起来促进纳税人诚实申报、依法纳税,有利于增进纳税人与税务机关之间的信任,从而构建和谐的税收征纳关系。

最后,诚实推定原则要求税务机关的管理手段从监督打击型向管理服务型转变(参见表 2-5)。在税收征管的过程中,税务机关的行政执法与纳税服务并不是冲突对立的,而是具有统一性。税务部门的重要职责在于最大限度地提升办税效率,降低征税成本,也是税收管理与税法的基本要求。若为纳税人提供最好的服务,可从加快建设依法治税、从严管理、税收公平的执法环境着力,为此税务机关的执法思路必须强化纳税人服务的意识,须由以往僵硬的单纯执法管理向柔和的执法与服务并重的方向转变,做到充分尊重纳税人、相信纳税人、方便纳税人、服务纳税人,并通过转变工作作风,逐步完善服务机制,更新服务方式,从而将执法和服务有机结合起来。

表 2-5 税务机关不同管理手段的特点与表现

管理类型	特点	具体表现	管理重点
监督打击型	以严格的法律责任为主,突出惩罚性	惩罚、控制手段较多	市场准入严格,追究违法责任
管理服务型	以激励性的条款为主,奖惩分明	对话、协商方式较多	放松市场准入,以事中事后监管为主

三、诚实推定原则的贯彻与完善

"纳税人诚信推定权对于纳税人人性尊严的保障、税收法定原则的落实、保障征纳双方平等以限制公权滥用、提升纳税遵从度等方面有着重要的现实意义。"[①]税法上的诚实推定原则类似于刑法上的无罪推定原则,要求税务机关在没有确切证据之前,作出有利于纳税人的处理。但是在实践中,税务机关对纳税人进行"有罪推定"的情形比较常见。如何贯彻诚实推定原则,是今后我国税收征管改革和税收法治建设的重要工作。

一是在立法中明确规定纳税人依法享有诚信推定权。在现行的立法体系中,《税收征管法》和《国家税务总局关于纳税人权利与义务的公告》规定了纳税人在纳税过程中所享有的权利(参见表2-6),同时《税收征管法(征求意见稿)》第11条用7款条文列举了一些纳税人权利。但是并未看到对诚信推定权的明确规定,建议在最终修改时对此予以明确。

表2-6 现行立法中纳税人的权利体系

权利	具体内容
知情权	有权了解国家税收法律、行政法规的规定以及与纳税程序有关的情况
保密权	纳税人的商业秘密和个人隐私依法受到保护,但税收违法行为信息除外

[①] 朱大旗、李帅:《纳税人诚信推定权的解析、溯源与构建——兼评〈税收征收管理法修订草案(征求意见稿)〉》,载《武汉大学学报(哲学社会科学版)》2015年第6期。

(续表)

权利	具体内容
税收监督权	对税务机关和人员违反税收法律、行政法规的行为有权检举和控告,同时有权检举其他纳税人的税收违法行为
纳税申报方式选择权	可以直接到办税服务厅办理纳税申报或者报送代扣代缴、代收代缴税款报告表,也可以按照规定采取邮寄、数据电文或者其他方式办理纳税申报、报送事项
申请延期申报权	不能按期办理纳税申报或者报送代扣代缴、代收代缴税款报告表时,纳税人应当在规定的期限内提出书面延期申请,经核准,可在核准的期限内办理
申请延期缴纳税款权	因不可抗力导致较大损失等原因,纳税人可以延期缴纳税款,但是最长不得超过三个月
申请退还多缴税款权	超过应纳税额缴纳的税款,纳税人可以申请办理退还手续;纳税人自己发现的,还可以要求加算银行同期存款利息
依法享受税收优惠权	依照法律、行政法规的规定书面申请减税、免税
委托税务代理权	委托税务代理人代为办理税务登记、发票领购手续、纳税申报、税务咨询、申请税务行政复议等事项
陈述与申辩权	对税务机关作出的行政处罚等决定,纳税人依法享有陈述权、申辩权
拒绝检查权	对未出示税务检查证和税务检查通知书的,纳税人有权拒绝检查
税收法律救济权	对于税务机关作出的处罚决定、强制执行措施等事项,纳税人依法享有申请行政复议、提起行政诉讼、请求国家赔偿等权利
依法要求听证的权利	对于税务机关作出的规定金额以上罚款的行政处罚,纳税人有权要求举行听证
索取有关税收凭证的权利	征收税款时,必须向纳税人开具完税凭证。扣押商品、货物或者其他财产时,必须开付收据;查封商品、货物或者其他财产时,必须开付清单

二是需要限定税务机关检查权的边界。对此,有学者认为,税务稽查或者检查①对于税收征管是必要的,但是为了防止对纳税人的基本权利造成不法侵害,对于税务机关行使这一公权力必须规定明确的适用条件和边界。具体而言,税务检查权的启动必须有明确的法律依据;检查权的启动应当有明确的程序;税务机关在税务检查过程中也不能预先认定纳税人存在逃避纳税义务的行为,仍应秉持税收服务的理念;禁止采用循环检查、重复检查的方式干扰纳税人的正常生产和生活;对于不当的税务检查侵犯纳税人权益的,纳税人享有提出申诉、复议、起诉等救济手段。②

三是完善税务征管过程中的举证责任分配问题。一方面,原则上税务机关应当依法承担证明纳税人存在纳税行为瑕疵的责任,避免税务机关对纳税人的"无端怀疑"和检查权滥用。另一方面,税务机关对纳税人纳税违法行为的证明程度和标准在不同税收阶段中也应有所区别,以免产生妨碍税收检查权的正当行使的后果,避免纳税人滥用诚信推定权以偷逃税款的情况。

---

① 对于税务稽查与税务检查的关系,目前立法没有明确的规定,理论界和实务界也尚未达成共识。具体有关的讨论与争议,详细内容参见刘剑文:《中国税务稽查的法律定位与改革探析》,载《安徽大学法律评论》2007年第2辑;吴西峰:《正确把握税务稽查局的行政能力》,载《中国税务报》2004年3月9日;刘次邦、李鹏:《对我国税务稽查法律制度变迁的几点反思》,载《税务研究》2007年第1期。

② 参见朱大旗、李帅:《纳税人诚信推定权的解析、溯源与构建——兼评〈税收征收管理法修订草案(征求意见稿)〉》,载《武汉大学学报(哲学社会科学版)》2015年第6期。

第三章 审批与服务：税务机关的政府职能转变

  总之，政府要加强社会管理和公共服务职能。要明晰政府边界，凡应由企业、市场、社会组织决策的事情应严格由它们决策，政府不应"越俎代庖"；凡是应该由政府承担的事情，政府责无旁贷，不能"缺位"。针对当前政府工作存在的"错位"现象，要强调由"经济管制型"转变为"公共服务型"，即转到为市场主体服务和创造良好的市场环境上来。①

——李林军

  在现代税收国家，税收是联系公民与国家、政府与市场、中央与地方、企业与社会的桥梁和枢纽，因此税收征管是否公正、高效、便捷也牵动着广大纳税人的利益。对此，实践中，我国的税务机关高度重视税收征管的程序法价值，提出加强税收征管工作，明确要求"完善征管体制，夯实征管基础，强化税源管理、优化纳税服务，实现

---

① 李林军：《关于税收管理与服务关系的思考》，载《税务研究》2006 年第 5 期。

科学化、精细化管理,提高税收征管的质量和效率"①。

上海自贸区设立的具体背景是转变政府职能,推进国家治理体系和治理能力的现代化。"从根本上说,设立上海自贸区就是决心以更大的开放倒逼现行的行政管理制度进行深层改革,划清政府和市场的边界,解决政府支配资源的权力太大问题,把直接控制经济的全能型政府改造为提供公共服务的服务型政府。"②具体到税务机关而言,如何提高政府服务的便携性、建设"服务型政府"是税收征管改革的重要任务。上海自贸区成立后,通过简化税务登记,积极推进涉税事项行政审批改革,同时强化纳税服务,为税务机关职能转变提供了有益探索。

第一节 便利税务登记

税务登记是商事主体市场进入前的必备环节,是税务机关对其纳税主体资格的行政确认程序。同时,税务登记也是税务机关进行税务管理的前提和基础。因此,税务登记程序在税收征管环节中具有十分重要的地位。2013年,上海自贸区设立之初即进行商事登记制度改革,③为了配合这一改革,上海自贸区在建设的过程中也

---

① 《国家税务总局关于进一步加强税收征管工作的若干意见》(国税发[2004]108号)。

② 杨力:《中国改革深水区的法律试验新难题和基本思路》,载《政法论丛》2014年第1期。

③ 参见杨峰:《上海自贸试验区商事登记制度的改革与完善》,载《法学》2014年第3期。

对税务登记这一环节进行了制度创新。

一、税务登记的概念、功能与法律定位

税务登记又称纳税登记,是指税务机关根据《税收征管法》《税务登记管理办法》等法律规定,对纳税人从事生产经营活动、应税行为进行登记管理的一项制度。税务登记是所有纳税人经由市场主体转变为纳税主体的必经阶段,只有依法履行了税务登记手续,税务机关才能掌握纳税人的基本情况、应税行为,依法对其进行税收管理,税收征纳双方法律关系也借此宣告成立。因此,税务登记是纳税人依法履行纳税义务的法定手续,同时也是税务机关实施税收管理的首要环节和基础工作。

从现行《税收征管法》《税务登记管理办法》等相关规定来看,税务登记在整个税收征管过程中占有重要的地位。按照登记事项和主要目的不同,税务登记大致可以分为设立税务登记、变更税务登记、注销税务登记、外出经营报验登记及停业和复业登记等类型,贯穿纳税人从市场进入到退出的各个环节(参见表 2-1)。现有的税务管理规范要求纳税人在办理开立银行基本账户;申请减税、免税、退税;申请办理延期申报、延期缴纳税款;领购发票;申请开具外出经营活动税收管理证明;办理停业、歇业等事项时,必须持税务登记证件。由此可见,税务登记是税务机关作为加强税源管理的重要手段。

表 2-1　税务登记的主要情况

类型	适用情形	目的	办理时间要求
开业登记	企业新设成立（包括企业在外地设立分支机构和从事生产、经营的场所），个体工商户和从事生产、经营的事业单位从事应税行为	作为市场主体进入时的登记措施，加强税源监管	自领取工商营业执照之日起30日内申报办理
变更登记	纳税人的税务登记内容发生重要变化，例如，改变单位名称、法定代表人、住所和经营地点（不涉及主管税务机关变动的）生产经营范围等	便于税务机关及时掌握纳税人的变动情况	自工商行政管理机关变更登记之日起30日内
停业、复业登记	纳税人在一年之内需要短时间停业、恢复生产经营	税务机关对纳税人停业、复业期间的纳税资格进行确认	实行定期定额征收方式的个体工商户需要停业的，应当在停业前1个星期
外出经营报验登记	纳税人到外县（市）临时从事生产经营活动	加强对纳税人应税行为的税收属地管辖	在纳税人外出生产经营以前
注销登记	纳税人发生解散、破产、撤销以及其他情形，依法终止纳税义务的	作为市场主体退出时的登记措施，加强税收清缴，防止纳税人欠税、逃税	在向工商行政管理机关或者其他机关办理注销登记前，或者有关机关批准或者宣告终止之日起15日内

为了实现上述目标，目前，我国的税务登记制度严格遵循"严进入、严监管"的理念。一方面，税务机关建立完善税务登记户籍管理与税源监控制度，加强对广大纳税人尤其是非正常户的调查稽核，

及时维护更新纳税人的登记信息,确保税务登记的真实性、准确性和有效性。另一方面,税务机关应加强与工商、质监等部门的协调与合作,依靠其他部门的采集信息进行户源管理的核对与清查,将未办理登记的漏征漏管户及时纳入税收管理,堵漏增收。

二、税务登记的现状与问题

按照现行《税收征管法》的规定,税务登记以工商登记为前置条件,纳税人在申报办理税务登记时,应当向税务机关如实提供工商营业执照、组织机构统一代码证、法定代表人证件等资料。从操作上看,具体的流程包括申请、受理、审核、登记等环节,详情参见图2-2。

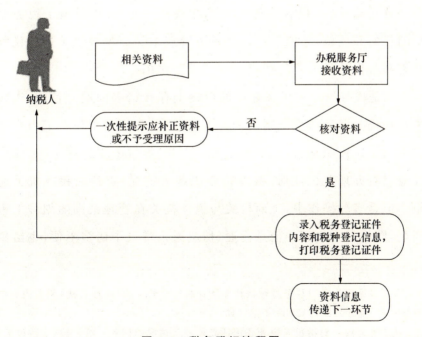

图2-2 税务登记流程图

由于我国间接税为主的税制结构与纳税人以企业为主的特点，实践中税务登记信息失真、监控不力的情形时有发生，从而造成税源流失，税务登记制度存在着诸多问题。

一是税务登记制度的法律定位问题。有学者指出，目前《税收征管法》没有就税务登记的目的和法律地位作出清晰、明确的定位，这样不利于强化税收征管工作。[1] 理论上，对于税务登记的法律性质存在争议。传统上，学术界倾向于认为税务登记属于行政许可行为，是税务机关通过甄别赋予市场主体从事生产经营活动、实施应税行为的法律资格或权利。但是笔者认为，税务登记"是税务机关的行政确认行为，即对纳税人的税收法律关系产生的一种确认，也就是说对纳税人因生产经营活动而产生的纳税义务的一种规定，生产经营活动在前，税收法律关系产生在后"[2]。只有明确了税务登记的目的和地位，才能发挥其在税务管理中保障税务机关进行税收征管和督促纳税人履行纳税义务的重要作用。

二是税务登记与工商登记的衔接上存在诸多问题。目前，实践中存在税务登记严重受制于工商登记、税务登记与工商登记内容冲突的问题。按照现行《税收征管法》第15条第2款的规定，工商机关应当将办理登记注册、核发营业执照的情况，定期向税务机关通报。但是实际操作中，工商机关与税务机关在管理范围的划分上不匹配，既给双方之间的信息沟通、情况通报带来了诸多不便，也给税

---

[1] 参见曹福来:《税务登记法律制度评析——兼论〈税收征管法〉相关内容的完善》，载《税务与经济》2009年第6期。

[2] 樊远翔:《对纳税人税务登记证亮证经营情况的调查分析》，载《安徽税务》2003年第2期。

务机关通过工商登记监控税源带来了一定的困难。①

三、税务登记的变革与绩效

"上海自贸区的前身是外高桥保税区。这是改革开放之后中国设立的第一个特别保税区,其营业收入和税收收入总额皆占到全国100多个保税区的50%以上。后来在此基础上成立综合保税区,现在又进一步发展为自由贸易区,成为我国以开放促改革的先行先试的压力测试平台。"②注册资本认缴制等商事登记制度在全国正式推开,成为上海自贸区首个向全国推广的成功经验。为了转变政府职能,配合商事登记制度改革,上海自贸区的税务登记创新主要表现在以下方面:

一是网上自动赋码,在办理企业设立登记时,税务机关根据工商、质检等部门提供的材料启动户管信息比对,由系统自动赋予税务登记号码,从而完成税务登记证的办理工作。这改变了以往纳税人需要事先提出申请、税务机关单独进行审核的做法,减轻了纳税人往返税务机关申请开业登记的负担,是对传统税务登记方式的历史性突破。

二是"三证合一",配合企业工商登记制度改革,上海自贸区在办理税务登记证和工商营业执照、组织机构代码证时实行并联审批

---

① 由于性质特殊,有些从事专业服务的市场主体无须进行工商登记。例如,律师事务所只需在司法行政部门登记,参见《司法部关于律师事务所不应进行工商登记的通知》(司发〔1990〕56号)。

② 赵薇薇:《探秘创新服务的"试验田"——中国(上海)自由贸易试验区成立一周年亲历记》,载《国际税收》2014年第9期。

制度。即申请人无须另行向税务机关提交《税务登记表》及有关证件、资料，由工商部门一个窗口单位归口受理申请材料，一次性采集包括税务登记基本信息在内的各类数据，并及时向税务机关和质检部门反馈、共享。上述部门收到申请信息后，按照职责分工启动复查审办，一并制作工商营业执照、组织机构代码证和税务登记证，受理窗口一次性将"三证"发放申请人，各部门间实现"一窗受理、信息共享、数据互换、档案共享、结果互认"。

三是"区域通办"，针对上海自贸区地域宽广、企业往返时间长、办税成本高等问题，税务机关打破地域空间限制，在办税大厅、延伸点的基础上，为企业办理税务登记、纳税申报、发票领购等业务，实现自贸区甚至全市的涉税事项网上、网下区域通办。为此，上海自贸区税务分局提出了"1+4自贸办税直通车"，依托基隆路办税服务厅和外高桥保税区、浦东机场综合保税区、洋山保税港区的服务延伸点最大限度地方便纳税人就近办税。只要纳税人在上海自贸区内注册，即可在通办区域内的所有办税服务点办理涉税业务，而且通办率极高。

四是容缺受理，上海税务局在自贸区内受理涉税事项时，对于那些纳税信用良好的企业可以在不满足资料要件的情况下先行提交申请，进入受理流程，待资料要件补充完整后，完成涉税审批。容缺受理是税务机关在上海自贸区进行税务登记的重要创新，这对于倡导诚信纳税风尚，鼓励纳税人尽量符合诚信标准起到了积极的示范作用。

上海自贸区推行便利税务登记的改革措施后，大大提高了企业办事便利性，加快涉税事项办理速度，进行的税务登记改革取得了良好的绩效。纳税人在办理税务登记时不需要提供任何材料,在家等通知就可以一起领取营业执照、组织机构代码证、税务登记证"三证"。尤其是税务登记网上自动赋码时间大为缩短,纳税人获取税务登记证号的时间也从原来的4天变为即时赋码。

上海自贸区建立了试验区管委会、工商、税务、质监四个部门"一表登记、一口受理、并联办事"的服务模式,外资企业新设备案4天可取得备案证明、营业执照、企业代码和税务登记,比原来需要的29天时间大幅缩减,大大方便了投资者。据有关部门统计,到2014年10月,短短的一年里上海自贸区新设外资企业1677家,占新设企业的13.7%,新设外商投资企业数相比去年增加了10倍。上海继续成为中国内地外资投资性公司和地区总部最集中的城市,上海的总部经济亦在稳步发展。2014年上半年,上海新增跨国公司地区总部25家、投资性公司8家、研发中心9家。截至今年6月底,外商在上海累计设立跨国公司地区总部470家、投资性公司291家、研发中心375家。①

第二节 简化涉税审批

在以往的税收征管实践中,由于没有确立简政放权的思想,因此涉税行政审批存在手续烦琐、效率低下的问题。针对这些现实的情况,上海自贸区在涉税审批方面进行了出台权力清单、审批事项

---

① 参见万晓晓:《上海自贸区一周年:新增企业同比增10倍外资"筑巢"》,载《经济观察报》2014年10月11日。

的标准化管理等制度创新,并取得了积极的社会效果。

一、涉税行政审批的现状与问题

理论上,行政审批是"行政审批机关(包括有行政审批权的其他组织)根据自然人、法人或者其他组织依法提出的申请,经依法审查,准予其从事特定活动、认可其资格资质、确认特定民事关系或者特定民事权利能力和行为能力的行为"①。涉及的"行政审批事项"是指"即政府不批准,公民、法人或其他组织就不能从事特定活动,不能获得相关权益,不能取得某种资质资格,法律关系不能得到认可和保护的事项"②。就税收征管过程而言,税务机关的涉税行政审批主要包括两类:税务行政审批事项和非行政许可审批事项。具体而言,行政许可事项是指行政机关依相对人申请准予其从事特定活动的事项,主要包括直接涉及国家安全、公共安全、经济宏观调控等事项;公共资源配置以及直接关系公共利益的特定行业的市场准入等事项;提供公众服务并且直接关系公共利益的职业、行业等事项;企业或者其他组织的设立等需要确定主体资格等事项。非行政许可审批事项是指事实上实施的除行政许可以外的行政审批事项,主要有涉及税费减免、使用政府基金或者享受政府财政优惠待遇的审批;有关社会事务管理的审批等情形。

在现行税收规范性文件中,明文以备案方式进行管理的涉税事

---

① 《关于贯彻行政审批制度改革的五项原则需要把握的几个问题》(国审改发〔2001〕1号)。

② 《国家税务总局政策法规司关于行政审批内涵和外延说明的函》(税总法便函〔2014〕89号)。

项主要分为两类,即减免税管理和资格认定,其中减免税管理所占的比重最大。绝大多数的税收优惠,均通过备案的方式进行管理。有学者指出,以国家税务局2013年的专项清理为例,在税收征管中共涉及162项涉税备案事项(不完全统计),其中仅增值税优惠政策中就有147项涉税备案事项。可见,对涉税备案事项的管理质量直接影响相关税收优惠政策的落实。相比国务院、国家税务总局对税务行政审批的严格管理,目前地方政府对涉税备案事项的管理显得较为薄弱。这些主要表现为征纳权责不清、执法风险难以控制、操作执行不一、存在变相审批等方面。[1]

涉税行政审批是切实转变税务机关职能、深化行政管理体制改革的必然要求,有利于进一步完善税收征管改革、优化纳税服务、推动税收治理体系和治理能力现代化。因此有学者指出,如何科学合理地确定行政审批与行政备案的改革边界,合理地设计相应的管理模式,对现有涉税审批事项进行区分,确保对无法纳入许可的原有审批事项进行有效管理,对全面贯彻落实税收法定原则,构建现代化的税收管理体系,实现从"税收管理"到"税收治理"的转变有着重要意义。[2]

二、涉税行政审批的制度创新

深化行政审批制度改革、加快政府职能转变是近年来党和国家部署的重要任务,"其特点是改革方案把机构改革和职能转变有机

---

[1] 参见杨攀:《涉税行政审批与备案的改革边界探讨》,载《税务经济研究》2015年第4期。

[2] 同上。

结合起来,把职能转变作为核心,把行政审批制度改革作为突破口和抓手"①。在全面深化改革的社会背景下,各级税务机关按照行政审批制度改革精神,及时清理修改有关税务规章和税收规范性文件,积极落实取消和下放的行政审批事项。

就目前而言,实践中税务行政审批制度改革存在诸多不足。具体而言,"一是税务行政审批目录化管理的要求尚未得到全面落实。二是部分税收征管信息系统流程设置和表证单书调整、修改滞后。三是后续管理跟进不够及时"②。上海自贸区成立后,针对涉税行政审批存在反应不灵敏、市场信号迟钝、市场主体缺乏活力等问题,上海自贸区税务机关针对纳税人重点需求进行大胆创新,推出了优化涉税审批措施,消除政府对市场的过度干预,进一步激发企业的市场活力。

一是专业化集中审批。为了简化工作环节、提高行政效率,上海自贸区税务分局设立专职审批所,由第九税务所负责整个自贸区内的涉税事项集中审批工作。该税务所对以往的涉税审批流程进行再造,实行"先批后核、批核分离"的审批制度,即对申请人的涉税事项统一受理、集中审批,在要件齐全、逻辑符合的情况下予以批准,事后再进行审核和监管。

二是窗口"一站式"办理。针对自贸区新办企业多、政策更新

---

① 李克强:《加快转变政府职能 深化行政体制改革》,载人民网,http://theory.people.com.cn/n/2013/0826/c352499-22693463.html,2017年7月20日访问。

② 参见《国家税务总局关于税务行政审批制度改革若干问题的意见》(税总发〔2014〕107号)。

快、纳税咨询多等特点,避免纳税人多次往返、耗时费力,上海自贸区税务分局下放涉税事项审批权限,先后推出综合申报、凭证开具、发票管理、异常处理等数十项即办事项。纳税人在窗口办理这些事项时,只要申请要件符合规定即可当场办理、当场办结。

三是取消部分前置核查。改变以往涉税审批前注重案头审查、实地核查的做法,实行审批事项"先批后审",如对增值税专用发票限额升级事项的审批权限进行改革,十万元以下升版转为办税厅的即办项目,百万元限额临时升版的审批权限下放到业务科室;进一步完善一般纳税人的审批制度,已加入发票及税控设备集中管理模式的企业在办理一般纳税人资格申请时,直接由办税大厅按即办项目受理,不再进行实地查验。

四是进一步扩大备案项目。与传统的审批制强调"审批在先,享受政策在后"不同,备案制的核心在于"先备后核",纳税人只需通过备案即可先行享受办税便利化、贸易便利化的待遇。对于自贸区内的企业办理出口退(免)税资格认定、企业境外所得适用简易征收、企业境外所得适用饶让抵免等事项实行网上审批备案手续,相应的证明文件由纳税人自行保存,税务机关加强事后监管和监督检查。

三、涉税行政审批改革的积极影响与改革展望

税务行政审批制度改革是推进税收征管改革的重要环节,更应作为税务机关转变职能的"先手棋",从而成为税务机关服务纳税户、服务基层、服务大局的重要抓手。近年来,上海自贸区税务机关将税务行政审批制度改革作为重点工作,主要对以下措施进行改

进:首先,强化管理,严格权力边界和程序,不断强化税务行政审批制度管理,严格规范事项设定、变更、取消、清理权限和程序;其次,积极开展行政审批事项标准化建设;最后,办事流程不断得到优化,办事资料不断得到简化,从而极大缩减办事期限,等等。通过实施前述措施,不断推进本市税务行政审批制度改革工作。比如,"网上自动赋码""网上资格认定"和"网上审批备案"等措施一经推出,便取消了部分审批事项的前置核查,有效降低了企业在税务领域的准入门槛。这些直接体现了税务部门认真贯彻国务院、国家税务总局关于简政放权、取消或简化前置审批的精神和要求。

从长远来看,上海自贸区的改革距离实现税收现代化管理还很远,涉税行政审批改革任重道远。"在行政审批改革中,应当严格遵循行政法治原则,在取消和下放行政审批问题上,贯彻与落实行政审批权的法制化、规范化、科学化,铲除非行政许可审批,规范行政审批事项,监督新增行政审批。"[1]对此,国家税务总局明确要求,税务机关要按照行政审批制度改革精神,认真收集并研究清单公开后各方面提出的意见,进一步梳理目前保留的行政审批事项,对取消或下放后有利于激发市场主体创造活力、增强经济发展内生动力的行政审批事项,进一步加大取消或下放力度。同时,还应改革管理方式,向"负面清单"管理方向迈进,清单之外的事项由市场主体依法自主决定、由社会自律管理。[2]

---

[1] 魏琼:《简政放权背景下的行政审批改革》,载《政治与法律》2013年第9期。

[2] 参见《国家税务总局关于公开行政审批事项等相关工作的公告》(税总发〔2014〕10号)。

一是推进税收执法权力清单制度建设。根据职权法定、公开透明、高效便民、科学民主的要求,税务机关要依法科学地界定税收执法权力,清理税收执法依据,厘清税收执法权力事项,摸清税收执法权力底数,编制税收执法权力运行流程图,依法公开税收执法权力清单,达到"优化权力运行流程,简化办事手续,便民办税,方便遵从"的目标。

二是深化涉税行政审批制度改革。按照国家税务总局的要求,今后税务机关要进一步加强税务行政审批事项标准化建设,严格实行税务行政审批目录化管理,落实涉税审批事项取消和调整部署,做好目录动态管理;同时实施税务行政审批合法性审查、清理税务行政审批项目涉及的文件依据、征管流程和表证单书等相关配套措施,稳步推进行政审批事项实时监督检查工作。[①]

第三节 强化纳税服务

从历史上看,每次税制改革都会带来税收征管理念和方式方法的巨大变革,在纳税人中心主义的理念下,强化纳税服务是税收征管过程的重要环节。为纳税人提供规范、优质、高效、便捷、可靠的纳税服务,是税收征管改革和科学发展的需要,是树立税务机关良好社会形象、改善税收环境、构建和谐税收的有效手段。为了营造法治化、国际化、便利化的营商环境,上海自贸区牢固树立还责于纳

---

① 参见《国家税务总局关于税务行政审批制度改革若干问题的意见》(税总发〔2014〕107号)。

税人和征纳双方法律地位平等的现代税收理念,以解决纳税人实际问题为出发点,立足于提升办税效率、减轻办税负担,不断提高纳税人满意度,在强化纳税服务方面进行了制度创新。

一、我国纳税服务的历史、现状与问题

"只有客观审视、正确估价纳税服务发展中的得与失,才能找准历史定位,总结经验,抓住问题,保持正确的发展方向。"[①]历史上,我国的纳税服务是随着计划经济向市场经济转轨和税制改革的不断深化而逐步产生和发展的。从1993年12月全国税制改革工作会议首次提出纳税服务至今,我国的纳税服务历史也不过短短20余年。2001年修订的现行《税收征管法》第7条规定,税务机关应当加强税法宣传,普及纳税知识,为纳税人提供纳税咨询服务。此后,国家税务总局先后制定了不同的规范(参见表3-1),对于减轻纳税人办税负担、保障纳税人合法权利、建立协调征纳关系具有积极的作用,也进一步促进了纳税服务的制度化、长效化和法治化。

表3-1 国家税务总局制定的纳税服务规范内容

制定时间	规范名称	主要内容
2005年12月16日	《纳税服务工作规范》(试行)	总共六章,包括纳税服务工作内容、办税服务厅、12366纳税服务热线以及税务网站管理、考核与监督等内容

---

① 陈国英:《刍议纳税服务现代化的实现路径》,载《税务研究》2015年第10期。

(续表)

制定时间	规范名称	主要内容
2011年8月1日	《"十二五"时期纳税服务工作发展规划》	明确2011—2015年期间纳税服务工作的目标要求、基本原则和制度体系建设
2014年8月28日	《全国县级税务机关纳税服务规范（1.0版）》	按照"流程更优、环节更简、耗时更短、效果更佳"的要求，提出加强前后台业务衔接和国地税协作、分级进行绩效考核、及时完善配套措施等内容
2015年3月1日	《全国税务机关纳税服务规范（2.0版）》	覆盖省、市、县三级税务机关，并从贯彻依法治税、深化简政放权、充实完善内容、提升服务水平、强化权益保护、便于基层操作、改进后续升级办法七个方面进行改进

对于纳税服务的定义，目前立法没有统一的规定。有的认为，纳税服务是"税务机关根据税收法律、行政法规的规定，在纳税人依法履行纳税义务和行使权利的过程中，为纳税人提供的规范、全面、便捷、经济的各项服务措施的总称"[①]。有的认为，纳税服务"是指税务机关依据税收法律、行政法规的规定，在税收征收、管理、检查和实施税收法律救济过程中，向纳税人提供的服务事项和措施"[②]。虽然这两个概念比较模糊，但是可以肯定的是，这些都指出了纳税服务的重要性，认为纳税服务是税务机关行政行为的重要组成部分，对于促进纳税人依法诚信纳税、提高纳税人遵从度具有重要

---

① 参见《国家税务总局关于加强纳税服务工作的通知》（国税发[2003]38号）。

② 参见《国家税务总局关于印发〈纳税服务工作规范（试行）〉的通知》（国税发[2005]165号）。

作用。

从内容上看,目前实务界对于纳税服务主要倾向于从狭义上理解,认为纳税服务仅指税务机关依法为纳税人在纳税过程中提供的各项具体服务。这一定义具有以下特点:一是从主体上看具有特定性,纳税服务的主体是税务机关,对象是纳税人;二是从内容上看,纳税服务的内容是涉税服务,其服务贯穿于税收征管的全过程;三是从目的来看,纳税服务主要旨在指导和帮助纳税人正确履行纳税义务,提高纳税人的纳税遵从度,自觉遵从税法。

事实上,在税收治理现代化的视野下,我们应当突破从狭义上理解纳税服务的一般工具性,将纳税服务延伸至整个税收治理的全过程。广义的纳税服务"涵盖了纳税人履行法定纳税义务与正当行使权利过程中的所有措施和服务,大到立法机关及政府部门在制定税法和税收政策过程中充分考虑和尊重纳税人的愿望与要求,小到办税服务厅能够最方便地为纳税人办理涉税事宜"[①]。可见,广义的纳税服务涵盖了"征税——纳税——用税"的全部环节,超出了服务手段和服务工具的一般属性,成为税收治理的有机组成部分,是构建经济新常态下税收治理体系和实现税收现代化的重要基石。从目前来看,纳税服务的主要问题表现在尚未实现纳税服务的规范化、标准化。

首先,目前的纳税服务尚未实现规范化,无法达到真正服务纳税人的目的和要求。虽然税务机关明确提出要"最大限度地服务纳税人",但是如何理解这一"限度"呢?这就"需要我们科学界定纳税

[①] 刘群:《优化纳税服务的国际借鉴研究》,载《天津经济》2013年第11期。

服务的外延,也就是划清纳税服务的边界"①。现行的法律法规没有对纳税服务边界进行明确规定,只是在数个条款中进行了分散性的描述(参见表3-2)。这需要我们正确处理税务机关窗口服务与整体服务的关系、纳税服务中心与其他部门之间纳税服务的关系、税务机关的纳税服务与中介机构纳税服务的关系。

表3-2 现行法律规范关于纳税服务的主要内容

规范出处	规范条文	具体内容
《税收征管法》第7条	税务机关应当广泛宣传税收法律、行政法规,普及纳税知识,无偿地为纳税人提供纳税咨询服务	税法宣传、纳税咨询
《国家税务总局关于纳税人权利与义务的公告》	保障纳税人了解国家税收法律、行政法规的规定以及与纳税程序有关的情况	税法宣传、纳税咨询、纳税辅导

其次,目前的纳税服务尚未实现标准化,尚未完善服务监督和绩效评估体系。按照绩效管理理论的要求,税务机关的组织考核不再仅仅局限于完成税收收入计划任务,而是要综合税收征收成本、税收收入贡献率等指标,特别是要从纳税人满意度的角度引入竞争意识、效率意识,提高税务机关的服务质量。只有建立完善的纳税服务监督与绩效评估体系,税务机关的纳税服务才能落到实处。为了强化纳税服务的评价、监督,美国国内收入局设置了纳税人权利维护办公室作为独立的第三方监督机构,其考核指标涉及经济、效率、效能三个方面,包括遵从度评价、纳税人与合作机构评价、政府

---

① 饶立新:《纳税服务的内涵与外延——兼谈服务与管理的区别》,载《税务研究》2016年第2期。

评价三大层次,这些经验值得我们学习和借鉴。①

二、"办税一网通"试点与推广

为加快政府职能转变、推进税收现代化建设,2014年7月,国家税务总局发布《关于支持中国(上海)自由贸易试验区创新税收服务的通知》(税总函〔2014〕298号),出台了"税收一网通办、便捷优质高效"的10项创新措施,简称"办税一网通"。这10项措施包括网上自动赋码、网上发票应用、网上自主办税、网上区域通办、网上资格认定、网上非贸管理、网上按季申报、网上审批备案、网上信用评价和网上服务体验,具体内容参见表3-3:

表3-3 "办税一网通"的具体内容

网上自动赋码	全国首创税务登记"免审核",是税务登记制度的历史性突破 从纳税人申请到税务机关主动赋予税务"身份证" 全程网络化、信息化办理
网上发票应用	推广电商企业电子发票应用 将受票方由个人消费者扩大到企业单位 积极研究金融保险行业电子发票应用
网上区域通办	推行"1+4自贸办税直通车":"1"是外高桥保税区办税服务厅,"4"是增设外高桥保税区2个、浦东机场保税区和洋山保税区各1个办税服务延伸点,逐步实现网上、网下区域通办
网上自主办税	推行"网上办税服务厅"的"四步引导模式",足不出户轻松办税 先期推出8个事项网上办理 力争在自贸区内实现所有日常涉税事项网上自主办税

---

① 参见马列:《税收治理现代化视野下的纳税服务》,载《税务研究》2015年第10期。

（续表）

网上审批备案	接轨国际规则,实行"先备后核" 清单内涉税事项由纳税人根据政策自行对比享受 先期推出增值税专用发票最高开票限额、软件产品即征即退等10个项目
网上资格认定	自贸试验区内新办企业取消辅导期 率先推行网上增值税一般纳税人资格认定 审批时限从20个工作日缩短为最长不超过5个工作日
网上非贸管理	对在银行等托管方设立自由贸易账户开展投资等综合业务的非居民企业,试行托管方提供纳税人基本信息,由托管方主管税务机关集中提供相关网上涉税服务
网上按季申报	支持航运中心建设,特定企业试点按月改按季申报,提高资金运作效率 纳税信用度高的增值税一般纳税人一次发票领用量可放大3倍 按季申报,享受增值税即征即退优惠的企业,由年12次申报缩减为4次
网上信用评价	实施A、B、C、D四级信用评级,按级实行分类管理与服务 纳税人自主纳税信用级别 融入社会信用体系建设,与相关部门共享信用信息
网上服务体验	推行网上信息收集,对纳税人需求进行分类采集 推行网上信息推送,根据纳税人需求提供个性化政策推送、风险提示提醒等 推行网上信息查询,提供网上涉税事项办理进度等查询服务

2015年4月,广东、天津、福建三大自贸区正式挂牌,上海自贸区也进行了大面积的扩容。随后,国家税务总局决定在将上海自贸区"办税一网通"10项创新税收服务措施推广至广东、天津、福建自贸区的同时,再在广东、天津、福建、上海自贸区推出10项创新税收

服务措施,统称为"办税一网通10+10"。① 其中,新10项措施包括国地办税一窗化、自助业务一厅化、培训辅导点单化、缴税方式多元化、出口退税无纸化、业务预约自主化、税银征信互动化、税收遵从合作化、预先约定明确化、风险提示国别化,具体内容参见表3-4:

表3-4 "办税一网通10+10"中新10项措施的具体内容

国地办税一窗化	国税局、地税局业务"一窗联办" 纳税人办理涉税业务时只需向一个窗口提出申请 国税局、地税局工作人员内部流转办结后一窗出件
自助业务一厅化	同一自助办税厅同时设有国税局、地税局自助终端设备 24小时为纳税人提供自助办税服务
培训辅导点单化	国税局、地税局共建网上纳税人学堂 线上线下(O2O)、直播录播相融合 纳税人线上点"单"培训辅导内容,税务机关线下配"料"教学视频
缴税方式多元化	与银行部门合作,提供POS机刷卡缴税、互联网缴税、移动支付缴税等多种缴税方式
出口退税无纸化	纳税人申报办理出口退税业务时无需提供纸质申报凭证和资料 税务机关根据数字签名等电子数据,审核、办理出口退税业务
业务预约自主化	纳税人可以通过互联网、手机APP、微信等多种渠道预约 在约定时间内到预约地点直接办理预约事项
税银征信互动化	税务机关与银行部门建立税银征信信息共享机制 对银行信用级别高的纳税人给予办税便利 推动银行部门对纳税信用A级纳税人给予融资便利
税收遵从合作化	为签订税收遵从合作协议的纳税人提供更多的办税便利和更宽松的办税环境

---

① 参见《国家税务总局关于创新自由贸易试验区税收服务措施的通知》(税总函[2015]208号)。

(续表)

预先约定明确化	为内控机制健全且纳税信用为 A 级的大企业纳税人提供税收预先约定服务 对于纳税人书面申请的关于未来可预期的特定事项适用税法问题，由自贸区税务机关受理评估并逐级报税务总局给予确定性答复
风险提示国别化	建立涉税风险信息取得和情报交换机制 健全国际税收管理与服务分国别（地区）对接机制 根据区域功能定位制定、发布分国别（地区）涉税风险提示

这些创新措施是在加快政府职能转变、推进税收现代化建设的背景下出台的，有利于实现税收征管制度层面的创新与突破以及持续改进。就国内层面而言，这些创新举措是国家税务总局直接支持自贸区建设、努力打造自贸区税收服务创新"高地"，从而实现加快政府职能转变，不断推进税收现代化的有效路径和便民之举。立足国际而言，这些举措直接践行了"便捷、优质、高效"三大纳税人服务理念，努力与国际通行规则接轨，有利于提升我国税收规范的国际话语权。

三、上海国际纳税服务中心建设

2016 年 1 月 12 日，国家税务总局 12366 上海国际纳税服务中心正式成立。该中心是我国设立的第一个国际税务中心，是上海承担国家级纳税服务职能的专业化部门、纳税服务改革创新的风向标。作为跨国、跨地区、跨领域的税务信息综合平台，上海国际纳税服务中心致力于打造国际化、现代化、人性化的纳税服务中心。

一是以国际化视野，开展国际税收业务，推动国际间交流与协作。上海国际纳税服务中心是继 2015 年 12 月 28 日国家税务总局

12366 北京纳税服务中心成立之后,我国成立的第二个国家级纳税服务中心。但是与前者"立足北京、服务全国"的宗旨不同的是,上海国际纳税服务中心旨在全面打造与上海国际性大都市建设相适应的纳税服务中心。在开放型经济建设的进程中,该中心将服务于"一带一路"战略和自贸区建设,为"走出去"企业提供对外投资税收服务和风险提示,通过纳税咨询、预约定价等措施提高"引进来"企业的纳税能力,推动投资和贸易便利化。

二是运用现代化的理念,全面构造新型的纳税服务体系。上海国际纳税服务中心不再仅仅局限于 12366 热线这一"听得见的纳税服务",而是全面提升为"能听、能问、能看、能查、能约、能办"的纳税服务中心。"12366 上海(国际)纳税服务中心将依托 12366 综合服务平台,将 12366 由单纯的纳税咨询服务打造成为集税收宣传、纳税咨询、办税服务、权益保护于一体的综合性服务平台。"①运用"互联网+"思维方式和现代化信息技术,通过"互联网+税法宣传""互联网+纳税咨询""互联网+办税服务""互联网+权益保护"与"互联网+信息查询"等方式加强实体办税服务与网上办税服务相结合。

三是以纳税人需求为原点,打造高效、简洁、方便、快捷的现代纳税服务中心,突出人性化的特点。通过模拟办税、智能查询、智慧服务等现代化互动方式,纳税人可以分事项进行现场体验,进一步了解税收、熟悉税务、遵从税法。同时,纳税人还可以体验微信、手

---

① 沈希希:《黄浦江畔的中国税务明珠——记国家税务总局 12366 上海(国际)纳税服务中心成立》,载《中国税务报》2016 年 1 月 13 日。

机 APP 等现代化纳税服务,实现纳税服务的"私人定制"。上海国际纳税服务中心在原有纳税服务功能的基础上,注重在平台内部实现纳税人诉求的汇总、分类、流转,运用简约思维简化服务流程、提升服务体验,全面打造流程统一、支撑统一、管理统一的标准化服务体系。

按照国家税务总局《12366 纳税服务升级总体方案(试行)》的部署要求,结合"立足上海、辐射全国、面向世界"的中心建设目标,有学者认为,上海国际纳税服务中心的功能定位除具备上海本地税收宣传、纳税咨询、需求管理等基础功能外,将重点聚焦面向世界的国际交流合作功能、服务国家战略的特定功能、纳税服务的创新功能、税收历史与现实的展示体验功能,争取成为纳税服务创新服务举措的"研发室"、试点国家税收服务举措的"试验田"。[①]

理论上,税收征管制度的优化意在研究和解决既有的税收征管立法、征管手段、征纳关系、纳税服务等领域存在的问题,目的在于降低交易成本、不断提高税收征管效能。[②] 上海自贸区从上述角度出发,坚持税收征管工作新格局中的全新理念,简化和规范办税流程,建立和完善纳税服务体系,从而为自贸区打造便利、优质、国际化的税收秩序和营商环境。

[①] 参见沈希希:《黄浦江畔的中国税务明珠——记国家税务总局 12366 上海(国际)纳税服务中心成立》,载《中国税务报》2016 年 1 月 13 日。

[②] 参见武辉:《当前税收征管制度及解决策略分析》,载《财政研究》2009 年第 2 期。

第四章 采集与共享:涉税信息管理

> 涉税信息管理能力是税制决策力与执行力的实践内核,它有助于扩大税基,降低名义税率,公平税收负担,规范与健全现有税制,促进税收征纳关系和谐,提高税收遵从度,并通过促进有增有减、统筹平衡的税收结构性,调整优化税制结构。①
>
> ——张念明、庞凤喜

保障税款应收尽收是税务机关充分履行其职能的具体表现,而最大限度地保障征纳双方之间涉税信息的对称则是实现这一职能的必要条件。然而实践中,涉税信息不对称已经成为目前我国税收征管过程中的最大障碍。这主要是因为获取纳税人涉税信息②的现

---

① 张念明、庞凤喜:《论涉税信息管理能力与税制结构优化》,载《中南财经政法大学学报》2015年第2期。
② 关于涉税信息的称谓,学术界目前尚存在争议。除了涉税信息之外,理论上还有税收数据、税务信息、税收资料等说法,同时国际法上还有"税收情报"一说。由于学者们没有形成统一的意见,《税收征管法》在修订过程中的不同版本对此处理也不同,为了便于论证,对此笔者暂且统一使用"涉税信息"一词,特此说明。

有途径存在缺陷、税务机关没有共享涉税信息的权限、其他掌握涉税信息的部门和机构不予配合等原因。

从实践上来看，税务机关与纳税人之间的信息不对称造成了极大的负面影响，既引起了纳税人的逆向选择，又造成了税制的扭曲，同时也加大了税收的征收成本。① 因此有学者明确指出："衡量一个税收征管制度是否完善有效的重要标准之一就是看它能在多大程度上解决信息不对称问题"②。为了顺利实现其征税职能，提高税收征管效率，税务机关在充分利用纳税人申报信息的基础上，应当可以及时、准确地获取和利用银行、海关、工商、审计等第三方信息。申言之，我们有必要在法律上设定第三方义务，赋予税务机关采集、共享涉税信息的权力，并在法律制度上保障涉税信息共享的顺利进行。上海自贸区在制度创新时非常重视涉税信息的采集与共享工作，注重运用信息管税，提高税收征管能力。

第一节　涉税信息及其采集机制

在信息不对称的情况下，加强涉税信息的使用和管理，是税务机关提升征管能力建设的重要内容。通过对涉税信息的采集和分析，税务机关可以强化税源专业化管理、提升税务稽查的针对性，从而达到应收尽收、保障税款及时足额入库的目标。但是涉税信息涉

---

① 参见杨得前：《信息不对称、激励与税收征管》，载《税务与经济》2007年第2期。

② 周虹、谢波峰、谷昱璇：《从发达国家税收征管经验看我国税收征管机制的改革》，载《税务研究》2006年第6期。

及税务机关系统外众多部门的分工与协调,如何建立职责明晰、多方对接、统筹联动、统一完善的涉税信息机制,是税务机关完善征管工作的重要任务。

一、涉税信息及其在税收征管中的重要意义

涉税信息是指所有能够记录、反应纳税人有关税收经济行为、状态、效果的信息,具体包括税务机关内部和外部掌握的各种凭证、数据、消息、资料和情报。就税务机关内部而言,涉税信息包括各级税务机关在税收征管活动中不断产生的各种数据、资料,例如,税务登记、纳税信用评级等。就税务系统外部而言,涉税信息主要来源于依法履行公共管理职能的政府部门,例如,工商管理部门对市场主体进行监管而掌握的登记信息、处罚信息等。一般而言,涉税信息可以分为多种类型,涉及不同的政府部门,同时在税收征管过程中也具有不同的用途(参见表 4-1)。从流程上来看,涉税信息的整个管理流程包括采集、整理、存储、传输和反馈,税务机关收到各种来源的涉税信息后要对其进行科学化、精细化的管理。而涉税信息的采集是对纳税人的基础信息进行聚合和集中,是涉税信息管理的源头,因而十分重要。

表 4-1 涉税信息涉及的有关部门、具体内容和用途

信息分类	涉及的部门	信息类别	具体用途
户籍管理类信息	工商登记信息、统计部门、海关部门	工商登记信息,统计部门的经济普查信息,企业报关登记信息	掌握纳税人市场进入、变更、退出的相关情况

(续表)

信息分类	涉及的部门	信息类别	具体用途
生产要素类信息	电力、供水、供汽及其他基础能源部门,银行、保险、第三方支付平台、证监局、外汇管理局等部门,人事、社保、医保等部门,国土、房管、城建、专利等部门	耗电、耗水、耗能信息,资金流动信息,企业用工、投保信息等人力资源类信息,土地使用权、房产所有权、专利权等资产变动类信息	掌握影响纳税人纳税负担的生产经营、财产变动、成本负担等情况
税源监控类信息	房管、车管、证券公司以及各类专业交易市场、交易平台、铁路、机场、航运、邮政物流、海关等部门	纳税人的交易类信息,物流信息,进出口报关信息	掌握纳税人税源变化情况,加强税源管理
税收分析类信息	统计部门、人民银行等经济主管部门	宏观经济数据、行业经济指标等	掌握纳税人纳税申报的真实性
非居民企业类等信息	公安部门、外管部门等	纳税人的出入境情况,进出口贸易和外汇收付支付信息等	掌握纳税人的居民纳税人身份变更情况
涉税违法线索类信息	国税、地税、公安、海关、检察等部门	通过交换、反馈、移交等方式获得的涉税违法信息	掌握纳税人的涉税违法行为,适应纳税信用评价与管理要求

在现有的税收管理思路上,我们主要是坚持"以票控税"的指导思想。按照《发票管理办法》的规定,发票是市场交易中开具、收取的收付款凭证,承担着加强财务监督、保障国家税收收入的功能。在传统的理论上,税务机关希望通过加强发票管理,发挥发票的稽核功能,从而强化财务监督,约束、监督和控制纳税人的应税活动和纳税行为,以达到堵塞税收漏洞、增加税收收入、提高税收征管质量

的目的。

　　毋庸置疑,"以票控税"的思路在实践中强化税收控管、维护税收秩序时发挥了重要作用。但是从实际效果来看,这一思路也面临着问题和挑战。一方面,税务机关对于发票的管理工作不到位,关于发票违法犯罪的行为时有发生、层出不穷,特别是增值税专用发票问题非常明显,税务机关依据发票计税、征税、查税、控税往往很难实现。另一方面,发票管理与税收管理之间缺乏强有力的相互监控制约机制,由于票账不符、票实脱离导致税务机关按账征税、查账查税问题重重。

　　对此,有学者指出,在信息不对称的背景下,涉税信息对于提高纳税务机关的征管能力至关重要。涉税信息共享可以使税务机关摆脱信息来源被动、单一的不利局面,多角度分析判别纳税人申报数据的真实性,从而实现对纳税人涉税违法行为更快速的反应。依托数据应用系统的翔实数据和广泛采集的第三方信息,建立健全税收分析、纳税评估、税务稽查、综合管理一体化联动机制,实现纳税评估与税收分析、税务稽查以及税政管理、征收管理之间的良性互动,最终达到促进税法遵从的总体目标。在税收管理方式上,我们也可以摆脱发票的功能局限性,实现从"以票控税"向"信息管税"的转变。[①]

二、涉税信息采集的原则与问题

　　现代税制的重要特征是不断优化税种并持续增强捕获税务信

[①] 参见陈兵:《新经济时代从"以票控税"到"信息管税"的转向——由B2T税收征管问题引发的思考》,载《法学》2014年第12期。

息的能力,因此我们更关注如何利用信息便利促进税收征管。① 但是涉税信息的管理范围广泛,涉及信息的收集、甄选、发布等环节,这当中需要注意纳税人权益保护与行政效率的博弈和考量。虽然涉税信息的采集十分重要,但是税务机关与有关部门在具体实践中也要遵循以下原则:

一是注意纳税人的隐私权保护。涉税信息的管理尤其是共享需要保障安全性,防止泄露纳税人的敏感数据与个人隐私、商业秘密等信息。作为占有纳税人信息的最大主体,税务机关的行政行为直接决定着纳税人的隐私权能否得到有效保护,这要求其在涉税信息的采集、整理、分析、发布、共享等各个环节中尽到谨慎义务,依法保护纳税人的隐私权。

二是注重行政效率,避免重复采集与资源浪费。"第三方涉税信息共享程序规则的设计,使得各部门之间能遵照规定的程序规则方便快捷地共享涉税信息,减少了部门之间的协商成本,以及重复建立反复更改信息共享程序规则的成本。在信息共享程序规则设计过程中,一方面,应当贯彻税收征管经济原则,建立信息共享的快速车道,尽量减少信息流通环节,使信息得到有效传递。"②

三是为了确保信息的全面性,采集需要各个部门共同参与。理论上,税务机关获取涉税信息的途径主要有以下方式:一是税收征管录入信息,即税务机关在税收征管的各环节中主动录入的信息;

---

① 参见何代欣、田山鹏:《如何利用信息便利促进税收征管》,载《中国税务》2017年第2期。

② 张怡、唐琳艳:《第三方涉税信息共享程序规则的构建》,载李昌麒、岳彩申主编:《经济法论坛》(第12卷),法律出版社2014年版,第197页。

二是税务检查信息,即税务机关通过检查纳税人的账簿、记账凭证、报表以及生产经营场所等获得的涉税信息;三是第三方涉税信息,即税务机关从与征纳双方有关的第三方获取的涉税信息,这其中"第三方"既包括海关等政府部门,也包括银行等金融机构,还包括税务代理等中介机构及其他社会组织提供的涉税信息。获取完整、真实、有效的涉税信息,是税务机关依法进行税收征管的基础,为了防止纳税人避开税务机关的监管视线,形成税源流失缺口,涉税信息的采集需要上述各类主体加强合作,保证涉税信息得到有效采集和充分利用。

从目前我国的现状来看,实践中税务机关与有关部门存在涉税信息获取途径有局限、涉税信息传递呈单向度、程序规则设计较粗糙等问题。如何实现涉税信息采集与共享,提高税务机关的征管能力和效率,是今后我国税收征管改革的重要任务。

三、上海自贸区的具体实践

上海自贸区建立后,积极推动自贸区监管信息共享平台建设,提高公共管理和服务水平。2014年10月,为促进监管信息共享、规范共享行为,上海市制定了《中国(上海)自由贸易试验区监管信息共享管理试行办法》。根据该办法,上海自贸区管委会作为共享平台的管理主体,负责信息共享的统筹、协调、管理(第4条)。监管信息是指各行政机关和具有管理公共事务职能的组织在履行职责过程中,产生或掌握的涉及自贸区的相关数据和资料(第2条);共享信息按照不同标准进行分类,具体包括基础信息、管理信息、运营信息、综合统计信息等(第6条)(参见表4-2)。上海自贸区管委会定期编制和发布《中国(上海)自由贸易试验区监管信息共享目录》(第7条),各个信息共享单位签订共享协议,明确具体可共享信息,约定信息共享单位应当提供的信息、可获取的信息以及信息的共享范围、共享方式、更新频率、传输形式等内容(第8条)。

表 4-2　上海自贸区共享信息分类

分类	具体内容
基础信息	各行政机关和具有管理公共事务职能的组织在行使行政许可等具体行政行为过程中产生的涉及法人和自然人主体的登记类、资质类等信息
管理信息	各行政机关和具有管理公共事务职能的组织对法人和自然人作出的处罚类、奖励类、评价类、裁判类信息以及分类监管等信息
运营信息	各行政机关和具有管理公共事务职能的组织在对法人的日常监管过程中产生或掌握的涉及生产、销售、财务、物流等具体运营行为的动态监管信息
综合统计信息	各行政机关和具有管理公共事务职能的组织对自贸试验区一定范围内投资、金融、贸易等经济社会运行情况的统计分析汇总信息

为了进一步明确规范公共信用信息的记录、使用、归集和共享,上海自贸区管委会于2015年1月发布了《中国(上海)自由贸易试验区公共信用信息管理使用办法》。① 按照该办法,公共信用信息管理由明确的政府管理部门负责,作为公共信用信息归集和使用的主管部门,自贸区管委会的管理职责是负责自贸区信用子平台建设、运行和维护等工作(第5条)。

同时,该办法第6条明确要求,公共信用信息实行目录管理。

---

① 参见《中国(上海)自由贸易试验区管理委员会关于印发〈中国(上海)自由贸易试验区公共信用信息管理使用办法〉、〈中国(上海)自由贸易试验区信用信息查询服务规程〉的通知》(中〔沪〕自贸管〔2015〕10号)。

信息目录使用组织机构代码、公民身份号码等作为识别信息主体的标识码。纳入公共信用信息目录的公共信用信息分为公开信息和授权查询信息。纳入公共信用信息目录的事项主要包括工商登记、社会组织登记、税务登记、组织机构代码登记、身份登记、社保登记等登记类信息，资质认定、执业许可、职业资格等资质类信息，以及司法判决、行政处罚、仲裁裁判、禁入限制、责任事故处理、弄虚作假、违反告知承诺等监管类信息。同时，上海自贸区管委会还负责组织编制、公布《自贸试验区公共信用信息目录清单》。

在公共信用信息的归集上，该办法第 7 条鼓励自贸区各行政管理部门和有关单位及时记录企业及其有关人员的信用相关信息，并按照公共信用信息目录向自贸试验区信用子平台归集。

第二节 涉税信息共享机制

涉税信息除了采集外，更重要的是税务机关如何充分利用这些信息。[①] 在跨部门、跨区域间实时传输、共享、利用各种涉税信息，将税务部门的征管手段延伸到各级国家管理机关的各个部门。这

---

① 对于税务机关利用涉税信息这一环节，有的学者称之为第三方的信息报告制度，例如，李林木：《论税收征管中第三方信息报告制度的构建》，载《财贸经济》2007 年第 11 期；文旗、向景：《对建立我国银行涉税信息报告制度的建议》，载《税务研究》2014 年第 9 期；张奕：《个人所得税改革中第三方信息报告机制的建立》，载《税收经济研究》2017 年第 1 期等。对此，笔者认为，这些第三方向税务机关提供涉税信息，是在履行法律上规定的行政协助义务，并不像"报告"一词所彰显的行政法上下级机关向上级部门履行的职责那种情形。

为了突出这一过程的平等性、强化税务机关使用涉税信息的法治化，统一将其称为涉税信息共享机制。

样有利于打破"信息孤岛",实现各部门数据的充分利用与真正融合,提高各级政府的行政效率和国家治理能力。在涉税信息利用上实现统筹规划,形成灵活多样的税源监管渠道,上海自贸区在这方面提供了有益经验。

一、税收社会化管理下的涉税信息共享

所谓税收社会化管理,是指国家运用法律和行政等手段,调动相关社会力量参与到税收征管工作当中,为税务机关的征收管理提供强大的社会支持,从而提高税收管理的效率,实现税收公平,减少税负不公对社会经济的扭曲,促进市场公平竞争,减少名义税率与实际税率之间的差异,提高全社会税法遵从。[①] 该学者认为,要实现税收现代化的管理目标,首先就是要推进税收社会化管理改革。现代化税收管理具有法治化、信息化和社会化三大特征,其中社会化是税收现代化的基本特征、发展路径和战略步骤。税收社会化管理积极配合税制改革朝着"宽税基、低税率、严征管"方向发展,可以有效地抑制税收违法行为,减少因税制设计不合理和税收管理不公给经济造成的扭曲,因此对于促进社会发展、推动现代税收征管发展具有重要意义。[②]

在现有的管理体制下,单一制、专业化的税收管理面临来自经济发展、社会变迁、技术进步等各个方面的挑战,有必要整合与调动社会力量参与税收管理,建立健全管理组织体系,完善对纳税人的

---

① 参见许月刚:《我国税收社会化管理的框架设计》,载《税务研究》2014年第12期。

② 同上。

全方位管理。因此,有学者建议,按照"政府领导、部门协作、信息共享、社会参与"原则,税务机关应当建立起"综合治税"的理念。其中,信息化是综合治税的重要基础和保障,如何建立基于统一规范的应用系统平台,依托计算机网络集中处理信息,覆盖所有税种、税收工作重要环节,包括征收管理、行政管理、外部信息、决策支持系统的功能齐全、协调高效、信息共享、监控严密、安全稳定、保障有力的税收信息化系统至关重要。对此,有学者提出了涉税信息社会化管理的概念,并对这一体系进行了框架设计(参见图4-1)。①

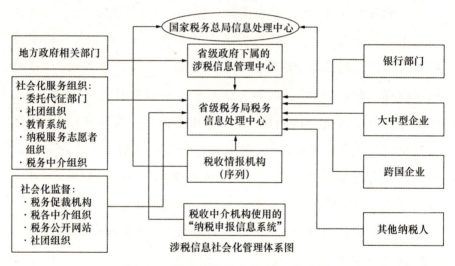

图 4-1 涉税信息社会化管理体系图

有学者指出,美国的政府各部门,特别是经济部门及与经济相关的部门,每年都必须向联邦税务局提供货币收付报告、国外银行账号、不动产转让、租赁公证等各种税源信息。美国联邦税务局每

---

① 参见许月刚:《我国税收社会化管理的框架设计》,载《税务研究》2014年第12期。

年收到的"税源信息报告表"多达 13 亿份,收集的涉税信息还包括行业内部数据库和刊物公布信息,以及媒体公布信息。美国通过要求各种主体向税务机关进行信息申报的方式,获取大量第三方信息。美国《联邦税法典》将信息申报连同纳税申报编纂在题为"信息与纳税申报"的同一章节下。这一章共用 65 个条款 6.2 万字详细规定了包括任何政府部门在内的几乎所有主体都负有报告义务,需要向财政部长(税务机关)报送"关于遵守特殊规定的主体的信息""与其他人交易信息""获薪雇员的相关信息""养老金等登记与信息""所得税纳税申报准备的信息"五大类源头信息。同时还规定了这些涉税信息的申报程序和内容以及对这些信息的管理。①

二、涉税信息共享的现状与不足

从具体的实践来看,目前我国涉税信息共建共享主要存在下列问题:(1)涉税信息共享的法律建设滞后,可操作性不强。目前,我国还没有建立起比较完备的涉税信息报告制度,尽管《税收征管法》对政府及社会职能部门向税务部门提供的涉税信息作了原则性规定,但由于缺少明确的职责划分和法律责任等可操作性要求,实际工作中一些职能部门往往以保密为由,不给税务部门及时提供第三方信息。一些地方结合实际情况出台了税收保障条例或办法,但仅实现了区域内涉税信息的共享,全国范围内的涉税信息共享仍缺乏有力的法律保障。(2)涉税信息标准不一,难以互联互通。目前,

---

① 参见潘雷驰、叶桦:《美国涉税信息综合治理机制对我国税源专业化管理的启发》,载《税收经济研究》2012 年第 4 期。

西方国家普遍建立了唯一且终身不变的纳税人识别号制度,并以此为核心建立涉税信息共享机制。我国纳税人识别号制度还处在完善阶段,统一的社会信用代码制度刚刚起步,同一个纳税人在国地税之间以及税务部门和其他部门之间的编码不一致,涉税信息彼此孤立,难以互联互通。同时,政府各部门的涉税信息缺乏整体设计,信息项目、格式、标准也不统一,若完全按照税务部门管理需求提供信息,则无形中给其他部门增加了信息处理、转化的工作量,导致实际操作中信息的开发利用和共享困难。(3)涉税信息应用信息化水平不高,信息价值挖掘不充分。西方国家第三方信息的采集、存储,纳税申报表的比对、分析,风险评估模型的建立、应对,都是通过计算机系统自动完成,大大提高了信息管税的效率。但我国各地信息化水平发展不均衡,有的地方尚未建立涉税信息共享平台,自动化水平不高,税务部门获取第三方涉税信息需要一对一的协调和存储介质拷贝,涉税信息的采集效率较低;还有的税务部门缺少智能化的信息接收和应用处理平台,即便获取信息,也难以与现有征管信息自动匹配,造成后续人工核查的工作量倍增,难以发挥信息管税的作用,涉税信息增值利用处于浅层次水平。[①]

如何完善涉税信息共享、提高税收管理的质量和水平,是税务机关的重要任务。"《税收征管法》(修订草案)要求第三方定期将各种信息详细地提供给税务机关,不仅为第三方设定了不合理的负担和巨大的信息安全风险,也不利于获得有效的信息,对公民权利、经

---

① 参见隋大鹏、冯国滨、陆静波:《如何加强涉税信息共建共享》,载《税务研究》2015年第10期。

营自由、政府职能分工等产生很大的侵害,违背了比例原则,应当借鉴上述国际经验进行相应修改。"①通过涉税信息共享,统一国税、地税的征管应用系统版本,通过规范二者的税收执法行为,确保执法的公平性、公正性,同时集中整个税务机关所有征管数据的整合、应用,实现实时监控征管数据,最后建立规范、统一的纳税服务平台,为纳税人提供更为优质的纳税服务。

三、上海自贸区涉税信息共享的经验

《中国(上海)自由贸易试验区公共信用信息管理使用办法》第4条明确提出,公共信用信息的归集和使用,应当遵循"合法、安全、及时、有效"的原则,不得危害国家秘密,不得侵犯商业秘密和个人隐私,切实维护信息主体的合法权益。上海市公共信用信息服务平台自贸试验区子平台是自贸试验区公共信用信息记录、使用、归集、共享和开展相关管理活动的重要载体,遵循"公共、公益、公开、共享、便捷"的原则,自贸试验区信用子平台向社会提供公共信用信息查询服务,支持试验区各行政管理部门开展信用监管和服务工作。

同时,上海自贸区管委会制定了《中国(上海)自由贸易试验区信用信息查询服务规程》,规定查询公共信用信息应当取得信息主体的授权,查询公共信用信息应携带相关证件至自贸试验区综合服务大厅现场办理。

就税务机关而言,上海自贸区信息共享平台的建设包括涉税信

---

① 施正文:《〈税收征管法〉修订中的法律难题解析》,载《税务研究》2015年第8期。

息的采集和加工,最终目的是运用直接的数据信息和间接的数据信息,为完善税务机关的税收征管服务。数据运用的方式多种多样,具体而言包括:一是税源监控。税务机关对采集的跨部门涉税信息进行加工,从多角度、多层次对税源进行监控分析,及时地、系统地了解征管辖区内所有纳税人的税收变化情况,保障税收收入的总体稳定及发展持续。二是户籍比对。通过对采集的涉税部门的工商登记注册及变更信息和税务部门的登记变更信息进行比对,从而发现漏征漏管户。三是税种比对。对涉税信息和税收信息进行分析、比对,查找税收疑点并发送税务部门进行核查落实。比如,对增值税、消费税、营业税等主体税种附征的城建税、教育费附加实际征收数与应征数进行比对,如有疑点数据,便发送税务部门核查。四是综合分析。依据审计学、财务分析、统计学等原理,建立各种数据模型,对某一行业、某一纳税人的纳税情况、征管质效、税收预测等进行分析判断,为制定经济政策提供决策依据。①

第三节 纳税信用评价与奖惩机制

纳税信用是税务机关对纳税人纳税意识、税务守法、办税质量等情况以往表现的综合评价,是税务机关进行后续管理的重要依据。税务机关对其进行评价和奖惩,优化纳税服务,引导纳税人自觉纳税,提高征管工作的针对性和有效性,因而是税务机关完善税

---

① 参见郭寒:《关于健全涉税信息共享平台工作机制的思索》,载陕西省安康市财政局网站,http://www.akcz.gov.cn/info/1016/3059.htm,2017年6月14日访问。

收征管工作的重要内容。具体而言,利用信息化手段建立统一的社会信用体系平台,将纳税人的违法违章信息列入其中,强化纳税人的纳税信用,完善纳税信用等级评定,建立比较完整的企业信用信息数据库,提高信用管理的刚性,实现"一处违法,处处受限"的社会化税收征管机制。因此,"纳税信用的制度建设不仅关乎我国的税收法治化水平,也是社会信用体系建设的重要部分"①。

一、分类管理下的纳税人遵从与纳税信用

分类管理理论认为,为了实现优化管理、提高管理效率,我们必须事先准确地识别管理对象的不同层次,设计相应的层次管理手段、方法,实施与特定层次相对应的有效管理,减少管理手段、方法层次与管理对象由于具体层次的不对称而导致的管理资源浪费。分类管理体现在税收征管领域,具体是指按照纳税人类型设置税务部门内设机构,将素质最高的监管资源集中在税源最充足、管理最复杂的纳税人身上,提高税收监管的针对性、有效性,实现监管资源的优化配置。

通常而言,分类管理意味着对于不同的纳税人,税务机关采取不同的监管措施。具体而言,"各级税务机关要在属地管理的前提下,针对不同行业、不同规模的纳税人,在严格评估的基础上,公正、合理地确定纳税信誉等级,实行分类管理,对不同等级的纳税人在纳税申报、发票购领、税务检查等方面采取不同的管理和服务措施。对于大企业和重点税源而言,税务机关要加大管理力度,明确专人负责大企业和重点税源的管理工作,全面掌握纳税人的生产经营和

---

① 王文婷:《推进纳税信用制度建设》,载《学习时报》2017 年 3 月 22 日。

财务核算以及资金流转情况。对小规模纳税人和零散税源,税务机关要依法规范征管程序、加大控管力度和有效实施社会综合治税。有条件的地方,可充分利用银行及其他金融机构、地方财政的基层机构以及其他有关机构实行依法委托代征"①。

二、纳税信用等级评定流程、指标与不足

为加强税收信用体系建设,规范纳税信用等级评定管理,促进纳税人依法纳税,2003 年 7 月,国家税务总局制定了《纳税信用等级评定管理试行办法》。② 按照该办法,税务机关坚持依法、公正、公平、公开的原则,按照统一的内容、标准、方法和程序,依法对纳税人纳税信用等级进行评定。评定的内容与标准具体参见表 4-3、表 4-4:

表 4-3 纳税信用等级评定标准量化表

项目	评定内容	分值	评分说明
税务登记情况（15分）	开业登记	2	不按规定办理税务登记的扣 2 分
	扣缴税款登记	2	不按规定办理扣缴税款登记的扣 2 分
	税务变更登记	2	不按规定办理变更税务登记的,每违章一次扣 1 分,扣完 2 分为止
	登记证件使用	2	没有亮证经营的扣 1 分,丢失税务登记证的扣 1 分,扣完 2 分为止
	年检和换证	2	不按规定进行验证(年审)和换证的每违章一次扣 1 分,扣完 2 分为止

---

① 《国家税务总局关于进一步加强税收征管基础工作若干问题的意见》(国税发[2003]124 号)。

② 参见《国家税务总局关于印发〈纳税信用等级评定管理试行办法〉的通知》(国税发[2003]92 号)。

（续表）

项目	评定内容	分值	评分说明
税务登记情况（15分）	银行账号报告	3	不向税务机关报告银行账号的扣3分,逾期向税务机关报告银行账号的扣1分,没有向税务机关报告账号的,每少一个扣1分,扣完3分为止;银行账号发生变化而没有向税务机关报告的,每次扣1分,扣完3分为止
	纳税认定情况	2	不按规定办理纳税认定情况的,每违章一次扣1分,扣完2分为止
纳税申报情况（25分）	按期纳税申报率	5	按期申报率为100%的,得5分;按期申报率在95%及以上100%以下的,得4分;按期申报率在90%及以上95%以下的,得3分,按期申报率在90%以下的,得0分
	按期纳税申报准确率	5	按期申报准确率为100%的,得5分;按期申报准确率在85%及以上100%以下的,得4分;按期申报率在70%及以上85%以下的,得3分,按期申报率在70%以下的,得0分
	代扣代缴申报率	5	按期申报率为100%的,得5分;按期申报率在95%及以上100%以下的,得4分;按期申报率在90%及以上95%以下的,得3分,按期申报率在90%以下的,得0分。没有代扣代缴义务的纳税人,此项得5分
	代扣代缴申报准确率	5	按期申报准确率为100%的,得5分;按期申报准确率在90%及以上100%以下的,得4分;按期申报准确率在80%及以上90%以下的,得3分,按期申报准确率在80%以下的,得0分。没有代扣代缴义务的纳税人,此项得5分
	报送财务报表和其他纳税资料	5	能依法及时、完整、准确报送财务会计报表和纳税申报表及附列资料的,得5分;不能依法及时、完整、准确报送财务会计报表和纳税申报表及附列资料的,按及时性、完整性和准确性三个要素分项考核,每缺一项扣2分,扣完5分为止

(续表)

项目	评定内容	分值	评分说明
账簿凭证管理情况（15分）	报送财务会计制度或财务会计处理办法和会计核算软件	2	依法及时、完整报送财务会计制度或财务会计处理办法和会计核算软件的,得2分;不依法及时、完整报送财务会计制度或财务会计处理办法和会计核算软件的,按及时性、完整性二个要素分项考核,每缺一项扣1分
	按照规定设置、保管账簿、凭证,根据合法、有效凭证记账,进行核算	4	按规定设置、保管账簿、凭证（2分）,根据合法、有效凭证记账,进行核算（2分）。按执行情况分项考核,每缺一项扣2分
	发票的保管、开具、使用、取得	6	发票的保管（1分）、开具（2分）、使用（1分）、取得（2分）。此项根据纳税人执行情况分项考核评分。
	税控装置及防伪税控系统的安装、保管、使用	3	税控装置及防伪税控系统的安装（1分）、保管（1分）、使用（1分）。此三项根据纳税人执行情况分项考核评分
税款纳税情况（25分）	应纳税款按期入库率	9	按期入库率在95%及以上的,得9分;按期入库率在90%及以上95%及以下的,得8分;按期入库率在85%及以上90%及以下的,得7分;按期入库率在80%及以上85%及以下的,得6分;按期入库率在80%以下的,得0分
	欠缴税款情况	9	至评定日没有发生新欠税的,得9分;有新发生欠税且欠缴税款在5万元以下的,得5分;有新发生欠税且欠缴税款在5万元以上的,得0分

(续表)

项目	评定内容	分值	评分说明
税款纳税情况（25分）	代扣代缴税款按期入库率	7	按期入库率在95%及以上的,得7分;按期入库率在90%及以上95%及以下的,得6分;按期入库率在85%及以上90%及以下的,得5分;按期入库率在80%及以上85%及以下的,得4分;按期入库率在80%以下的,得0分;没有代扣代缴义务的纳税人,此项得7分
违反税收法律行为处理情况（20分）	涉税违法犯罪记录、税务行政处罚及其他税收违法行为记录	20	有涉税违法犯罪记录的,每次扣20分;有税务行政处罚记录的,每次扣10分;有其他税收违法行为的,每次扣5分

表 4-4　纳税信用等级划分标准

等级	标准	备注
A级	年度评价指标得分90分以上	有下列情形之一的纳税人,本评价年度不能评为A级:(一)实际生产经营期不满3年的;(二)上一评价年度纳税信用评价结果为D级的;(三)非正常原因一个评价年度内增值税或营业税连续3个月或者累计6个月零申报、负申报的;(四)不能按照国家统一的会计制度规定设置账簿,并根据合法、有效凭证核算,向税务机关提供准确税务资料的
B级	年度评价指标得分70分以上不满90分	
C级	年度评价指标得分40分以上不满70分	

（续表）

等级	标准	备注
D级	纳税信用为年度评价指标得分不满40分或者直接判级确定的	有下列情形之一的纳税人，本评价年度直接判为D级：（一）存在逃避缴纳税款、逃避追缴欠税、骗取出口退税、虚开增值税专用发票等行为，经判决构成涉税犯罪的；（二）存在前项所列行为，未构成犯罪，但偷税（逃避缴纳税款）金额10万元以上且占各税种应纳税总额10%以上，或者存在逃避追缴欠税、骗取出口退税、虚开增值税专用发票等税收违法行为，已缴纳税款、滞纳金、罚款的；（三）在规定期限内未按税务机关处理结论缴纳或者足额缴纳税款、滞纳金和罚款的；（四）以暴力、威胁方法拒不缴纳税款或者拒绝、阻挠税务机关依法实施税务稽查执法行为的；（五）存在违反增值税发票管理规定或者违反其他发票管理规定的行为，导致其他单位或者个人未缴、少缴或者骗取税款的；（六）提供虚假申报材料享受税收优惠政策的；（七）骗取国家出口退税款，被停止出口退（免）税资格未到期的；（八）有非正常户记录或由非正常户直接责任人员注册登记或者负责经营的；（九）由D级纳税人的直接责任人员注册登记或者负责经营的；（十）存在税务机关依法认定的其他严重失信情形的

  这一制度运行自2003年推出以来，有力地推进了税务信用体系建设。但是纳税信用评级并未达到预期的目标，存在很多缺陷，其中最突出的问题是现有的纳税信用评价体系缺乏适当的激励机制，实践中操作性差，在实际工作中执行力度不够。部门地方税务机关并不重视这项工作，从各级税务机关公布的信息来看，纳税评估的频度远未达到要求；有些地方仅重视A级纳税信用企业信息的发布，而不重视纳税信用不达标信息的发布，即所谓的"报喜不报忧"，限制了纳税信用评级的社会作用。从纳税人的角度来看，纳税

人也表现出对纳税信用的关心程度不够,甚至漠然视之,持有一种"纳税信用评级无用论"的观点,这在一定程度上反映出纳税信用评级的激励性不足、实践操作性差的缺陷。①

三、纳税信用评价与奖惩实践

从具体的改革措施来看,上海自贸区自设立之初即重视纳税信用评价。在充分信任和自主管理的基础上,上海自贸区率先通过信用信息平台,采集、分析和评价纳税人的信用信息,得出纳税信用评价结果,纳税人可通过信用信息平台查询自身的纳税信用级别,同时税务机关根据评价结果,对广大纳税人实施分类管理和服务。近年来,针对上述问题,上海自贸区在纳税信用评价与奖惩上进行了以下制度创新。

一是纳税信用网上评价,即纳税信用管理的网上信用评级。通过实施网上信用评价,进行纳税信用体系建设,一方面可以促进政府监管和社会监督,另一方面有利于培育和营造诚信纳税、诚信经营、诚信兴商的氛围。税务机关通过信用信息平台,采集、分析、评价纳税人的信用信息,得出纳税信用评价结果,并实施分类服务和管理;纳税人在网上可查询自身纳税信用等级;同时还可以与地方政府及相关单位征信平台对接,实现纳税人信用信息在各部门间的共享利用。

二是税银信用互动化,实现纳税信用信息与银行信息共享。税

---

① 参见蔡昌:《税收信用论——基于产权与税收契约视角》,清华大学出版社2014年版,第141、142页。

务机关与银行部门建立共享机制,税务机关将把辖区内小微企业相关纳税信用评价结果推送给银监部门,并由银监部门发送至银行业金融机构;银行业金融机构将根据小微企业的纳税信用评价结果,主动挖掘新的贷款需求,改进优化对小微企业的金融服务;同时,银监部门向辖区内银行业金融机构征集小微企业融资情况,并共享至税务部门,纳税信用等级高的 A 级纳税人,将在税收服务、融资贷款等方面获得更多的支持,从而有效解决小微企业信贷融资中信息不对称问题,提高小微企业融资的可获得性,降低融资成本。这样可以让小微企业凭借纳税信用换取"信用额度",同时也激励小微企业依法纳税、诚信纳税。

三是信用良好的企业实行海关 AEO[①]互认、通关便利化。按照《海关法》和《中国(上海)自由贸易试验区总体方案》的规定,上海海关制定了《上海海关关于在中国(上海)自由贸易试验区内推进海关 AEO 互认工作的公告》,对于那些信用等级高的企业,在新加坡、韩国、香港地区等进行国际货物往来可以享受一系列通关便利措施。

[①] AEO 是 Authorized Economic Operator 的缩写,即"经认证的经营者"。按照世界海关组织制定的《全球贸易安全与便利标准框架》,AEO 是指"以任何一种方式参与货物国际流通,并被海关当局认定符合世界海关组织或相应供应链安全标准的一方,包括生产商、进口商、出口商、报关行、承运商、理货人、中间商、口岸和机场、货站经营者、综合经营者、仓储业经营者和分销商"。

第五章　治理与协同:税务综合监管创新

只有明晰市场监管法的法律属性,对市场监管法所追求的法益目标以及"人像"本质予以深层次的法理挖掘,才能真正找到市场监管法治"失灵"的原因,并在制度创设与法治实践中秉承实质正义的理念,市场监管法的运行才能真正担当起维护和保障市场健康秩序的神圣职责。①

——蒋悟真

从历史上来看,我国的市场监管权在制度设计上存在着定位模糊、设立缺乏合理考量、权力配置呈现分散化、监管者非专业性等缺陷,这些实质上是"政企不分"、行政主导的立法模式以及权力文化等体制痼疾在监管法制架构上的深刻体现。② 在推进市场化进程和全面深化改革的过程中,如何厘清政府的市场监管职能、明晰具体

---

① 蒋悟真:《市场监管法治的法哲学省察》,载《法学》2013年第10期。
② 参见盛学军:《监管失灵与市场监管权的重构》,载《现代法学》2006年第1期。

监管机构的职责、合理配置监管权力与实现平衡,是市场监管法治建设的核心内容。

在市场准入上,上海自贸区采取了"一线放开,从宽准入"的态度,但这并不意味着"政府放了权不等于可以'甩手不管',在对'放权'经验总结推广的同时,坚持'放、管、服'三管齐下,加强事中事后监管"①。从实践来看,上海自贸区相继推出了相应的风险管控措施,严厉打击和有效震慑各种涉税违法犯罪行为。因此,强化事中事后监管、综合治税成为日常税收征管工作的重点。其中,综合监管制度创新是上海自贸区制度创新的核心内容之一。

第一节 事中事后监管

传统上,我国实践中的税收征管存在"重审批轻管理、重准入轻过程"的倾向,存在着"疏于管理、淡化责任"的问题。在"一线放开,二线管住"的理念下,上海自贸区在完善事中事后监管方面提供了有益经验。上海自贸区通过创新事中事后监管制度,要求市场主体进入自贸区市场后必须遵守相应的行为规则,目的是规范市场主体的生产经营活动,维护公平竞争的市场秩序,抑制它们的各种机会主义行为,否则违反相关制度规定的企业将会受到严厉的惩罚。上海自贸区用全新的事中事后监管制度代替原有过时的相关制度,进行事中事后监管制度创新,以便更好地监管各类企业的各种市场行

---

① 李克强:《简政放权 放管结合 优化服务 深化行政体制改革 切实转变政府职能》,载《人民日报》2015年5月15日。

为,打造国际化、高标准的现代市场体系。①

一、风险管理理念下的税收征管

现代社会处于风险社会,风险无处不在,风险管理理念本质上是将所有的工作事项转化为具体的、潜在的各项风险,根据风险等级差别采取统一管理和分别处理,通过风险识别、风险评估、风险防范和风险处置等步骤,针对不同的风险采取差异化的应对措施,从而提高复杂工作中具体措施的针对性、精准性。这一理念目前广泛应用在金融监管、投资并购、安全生产、人事管理等具体工作的过程中。

具体到税收征管层面,税收风险管理是税务机关以纳税遵从最大化为目标,科学实施风险目标规划、识别排序、应对处理和绩效考评,力求最具效率地运用有限征管资源不断降低纳税遵从风险、减少税收流失的方法和过程。税收风险管理强调优化配置有限征管资源,强调充分发挥信息情报的作用,通过风险分析识别,采取与风险类别等级相适应的管理策略,实施有针对性的风险控管等,以便我们破解新形势下税收征管面临的突出矛盾和主要问题。②

自从 2002 年国家在《中国税收征收管理战略规划纲要》中首次引入风险管理理念以来,税务机关逐步将风险管理引入税收征管领域,运用风险管理的理念和方式重新审视税务管理,重构税务管理

---

① 参见蒋硕亮、刘凯:《上海自贸试验区事中事后监管制度创新:构建"四位一体"大监管格局》,载《外国经济与管理》2015 年第 8 期。
② 参见王迎春:《实施税收风险管理 推进税收征管机制完善——访江苏省国家税务局局长周苏明》,载《中国税务》2009 年第 11 期。

的重点内容和业务流程,不断深化税务风险探索实践。因此,税收征管的重心在后移,主要是加强事中事后监管,建立以风险为导向的征管体制。

根据国家税务总局建立"科学严密的征管体系"的具体要求,预计到2020年时,我们要努力构建"办税便捷、信息对称、风险严控、程序完善、架构合理、有效遵从"的现代化税收征管体系,实现税收征管体系与税制改革相促进、与税源状况相适应、与科技创新相协同、与有关部门相配合的目标,有效提高信息管税和风险管理能力,不断提升税收征收效率和纳税遵从度,打造税收征管模式升级版。①

风险管理理念下的税收征管要求我们建立健全风险管理机制。如前所述,现有的税收征管工作引入了风险管理的理念,目前我们正逐渐向以自行申报为主的方式转变。通过纳税风险评估制度,我们建立了税收分析、纳税评估、税源监控和税务检查的互动机制,事先没有确定纳税款项,而是让纳税人自行申报(self-assessment)②,这对纳税人的素质提出了更高的要求。同时,由于经济活动的复杂性,税法规定不可能详尽到与经济行为一一对应,也不可能穷尽所有经济活动的税务处理。在税收征管实践中,税务机关和税务人员在回答税法的适用问题时不够规范,无法满足税收的确定性和预期

---

① 参见臧耀民:《以征管现代化为引擎推进税收现代化》,载《税务研究》2014年第8期。

② 有学者认为,这一词语其实应当译为自我评估,参见李锐、李堃:《美国国内收入法典——程序和管理》,中国法制出版社2010年版,第1页。

性,也增大了纳税人的守法成本和税收风险。① 这些都要求我们完善风险管理运行架构,形成"税收分析→查找风险→任务推送→风控落实→结果反馈→加强管理"的闭环工作流程,同时建立"税收情报管理、风险指标定制、关联关系梳理、应对任务统筹、绩效评价双向"的风险管理平台,加强税源监控和风险应对,努力构建"以专业化管理为基础、以风险管理为导向、以重点税源管理为着力点、以信息管税为支撑"的征管运行体系。②

二、风险提示与预警:加强税收风险管理

在社会诚信体系建设的社会背景下,上海自贸区通过建立诚实纳税的守信激励机制和税收违法的失信惩戒机制,激励引导纳税人诚信纳税、积极纳税,实现从"税务机关主动征"向"纳税人主动缴"的转变。风险管理导向的税收征管过程不仅意味着税务机关前端审批管理的"大开放",同时也要求高度重视后台专业化数据管理、风险提示与预警等工作。

近年来,上海市自贸区税务机关积极采取各种措施进行改革探索,强化税务风险防控、强化事中事后监管。目前,上海市已经在税务系统建立了市、区两级风控中心,通过建设风险纳税人疑点特征库,健全第三方公开信息采集机制,发布增值税发票链条管理环节税收风险警示,优化出口退税分级分类监管模式等方式,进一步防

---

① 参见李慈强:《纳税人教育:税收征管法治建设的新议题》,载《江汉论坛》2016年第7期。
② 参见臧耀民:《以征管现代化为引擎推进税收现代化》,载《税务研究》2014年第8期。

范涉税风险。据有关部门统计,截至 2014 年 12 月底,上海市各级税务风控部门已经实施税收风险应对项目约 300 个,涉及企业近万户次,查补税款及滞纳金总计 22 亿元。① 今后,上海市税务机关将以税务风险管理为抓手,积极建立符合上海国际大都市、对接国家税务总局税收现代化要求的税收管理体制。针对"办税一网通"试点中可能存在的风险、如何加强事后监管等问题进行了深入研究和分析,着手建立前后端管理的联动机制,确保各项改革创新措施平稳有序推进。②

一是实行风险提示国别化。由于政治、经济、文化等因素的影响,纳税人在不同的国家跨国经营过程中其税收风险各有差异。因此,国家税务总局要求自贸区税务机关根据区域功能定位,逐项制定和发布各个国家(地区)的涉税风险提示。税务机关通过建立涉税风险信息采集和情报交换机制,与各个国家(地区)完善国际税收管理与服务对接机制,从而帮助纳税人减少在国际贸易往来、跨国兼并重组和资本运作中的涉税风险。③

二是实施税收预警,加强税收风险管理。《中国(上海)自由贸易试验区条例》第 35 条第 2 款规定:"税务部门应当运用税收信息系统和自贸试验区监管信息共享平台进行税收风险监测,提高税收

---

① 参见佚名:《上海市税务局"办税一网通"逐步向全国税务系统复制推广》,载国家税务总局官方网站,http://www.chinatax.gov.cn/n810219/n810739/c1432741/content.html,2017 年 7 月 25 日访问。

② 同上。

③ 参见《国家税务总局关于创新自由贸易试验区税收服务措施的通知》(税总函[2015]208 号)。

管理水平。"上海自贸区税务机关积极参与社会诚信体系建设,配合做好上海市法人信息共享与应用系统的建设,目前已实现了登记类信息、偷税行政处罚、不开发票名单等10项信息的信息共享,努力构建诚实纳税的守信激励机制和税收违法的失信惩戒机制。

三、事中事后监管的绩效与完善

"事中、事后的监管模式对上海自贸区内企业的贸易活动提出更高的源头监管要求","从源头上有效规避企业违规经营风险,有利于监管科学化、精细化和信息化目标的实现"①。从上海自贸区运行的实际效果来看,税收征管领域的事中事后监管制度取得了良好的预期效果。

但同时,事中事后监管的针对性、有效性也有待提高,今后我们需要建立一个以风险管理为导向的高效运转的税收管理闭环体系,在税源分级分类管理的基础上,变被动管理为基于纳税人风险评估的主动管理,形成集约化的征管模式。具体而言,我们可以借鉴江苏省丹徒地方税务局的成功经验,以深化行政审批制度改革和加强事中事后监管为突破口,做到以下几点:②

一是强化问效督查,抓好事中事后监管。坚持"问效督查",加大责任追究力度,在组织收入、依法行政、风险管理、纳税服务、教育

---

① 汤婧:《探索上海自贸区综合监管新路径》,载《经济参考报》2014年1月6日。
② 参见佚名:《丹徒地税局四举措加强事中事后监管》,载江苏省镇江市地方税务局网站,http://zj.jsds.gov.cn/art/2015/11/17/art_39195_784835.html,2016年5月27日访问。

实践活动等工作中,对在位不谋事、在岗不尽责、工作落实慢、整改不到位等情况进行通报批评。不断完善督查工作制度,健全督查启动、跟踪、办结和责任追究机制,做到从立项、制定方案到整理总结、立卷归档都有章可循。

二是突出重点督查,抓好事中事后监管。围绕上级税务机关部署的工作任务,重点抓好"220服务"情况的督查。对年度重点、月度重点工作,进行专项督查督办,抓检查督促,做到及时检查、及时反映。准确把握情况,坚持实事求是,为上级决策和及时研究解决问题提供有针对性、可行性的对策建议。

三是深入一线督查,抓好事中事后监管。经常深入一线,实行现场督查、专项督查等方法,实地了解工作推进、落实情况,把督查的重心放在了解掌握第一手真实情况上,防止督查做表面文章的行为,从而确保督查检查和反映情况的全面、客观、真实、准确。

四是建立督查机制,抓好事中事后监管。完善督查事项跟踪机制,督查事项启动后,税务机关的督查室及时向承办部门下发书面《督查通知》《专项督查通知书》,明确任务要求和办理时限等,进行跟踪督查,随时掌握承办部门的落实情况。

第二节 现代治理理念下的综合监管创新

在现行的税收征管过程中,我们强调税务机关依法对纳税人税收活动的合法性、合理性和有效性进行评价、监督和管理。这种模式具有严重依赖税务机关的倾向,存在效率低下、激励缺失等缺陷。为了提高管理的有效性,我们需要从传统管理思维转向现代治理逻辑。在社会治理创新的社会背景下,我们急需从转变税收监管的主体、手段、目标、指标等方面入手,进行综合监管创新。

一、从管理到治理:网络化治理及其应然要求

20个世纪以来,随着社会生活的日益复杂和经济发展的挑战增多,经济全球化和行政分权化导致公共管理逐渐跟不上社会实践发展的需要,传统的层级制政府模式和命令与控制的管理手段难以满足这一复杂多变的时代需求。因此,"在当今社会,单纯地依靠政府已经很难解决公共问题,政府需要更多地和私人部门非营利组织或公民个人合作,共享公共权力,共同管理公共事务"①。对此,十八届三中全会明确指出:"推进国家治理体系和治理能力现代化"②,"治理"意味着"协同治理",强调社会多元主体的共同管理,虽然政府依然是社会公共管理功能和责任的承担者,但是在这一模式下政府、社会组织、个人等不同行为主体间形成了有机合作的关系。

对此,学术界提出了网络化治理的全新模式,按照这一理论,人们对政府的关注焦点不再局限于政府的地位问题,而是更多地关注政府通过何种途径治理的问题。这一模式强调多中心的公共行动者通过制度化的合作机制,相互调试目标,共同解决冲突,增进彼此的利益。③ 在网络化治理的过程中,政府对于管制这种传统的治理

---

① 朱立言、刘兰华:《网络化治理及其政府治理工具创新》,载《江西社会科学》2010年第5期。
② 《中共中央关于全面深化改革若干重大问题的决定》。
③ 参见朱立言、刘兰华:《网络化治理及其政府治理工具创新》,载《江西社会科学》2010年第5期。

工具进行重新审视,越来越多地使用程序性工具。

"治理是一个上下互动的管理过程,它主要通过合作、协商、伙伴关系、确立认同和共同的目标等方式实施对公共事务的管理。"[1]按照网络化治理理论的观点,政府作为公共服务直接提供者的作用已经越来越不重要,更为关键的是其作为一种公共价值的推动者,在具有现代政府特质的由多元组织、多级政府和多种部门组成的关系网络中发挥作用。[2] 政府不再拘泥于传统的利益诱导、社会管制与"命令—控制"等方法,更多地通过规划、引导或过程间接影响结果的工具促进互相依赖的行为主体之间的合作,进而实现预期的治理目标。总之,网络化治理要求我们突破传统意义上"纵向到底,横向到边"的"条块"思维模式,由政府主导型的管理转向多元协同的治理。

二、自贸区综合监管——以社会综合治税为核心

基于上述理论,《中国(上海)自由贸易试验区条例》第 36 条明确提出:"在自贸试验区创新行政管理方式,推进政府管理由注重事先审批转为注重事中事后监管,提高监管参与度,推动形成行政监管、行业自律、社会监督、公众参与的综合监管体系。"就税务监管而言,网络化治理理论突出地表现为社会综合治税。"社会综合治税是近十年来形成并不断完善的税源管理方式。自 2003 年起,政府领导、税务主管、部门配合、社会参与、司法保障、信息化支撑的税源

---

[1] 俞可平:《治理与善治》,社会科学文献出版社 2000 年版,第 6 页。
[2] 参见〔美〕斯蒂芬·戈德史密斯、威廉·A.埃格斯:《网络化治理:公共部门的新形态》,张迎春译,北京大学出版社 2008 年版,第 18 页。

管理模式已成为我国社会综合治税的主要特点,目的是对税源实行税前税中和税后的全方位监控。"[1]在实践层面,上海自贸区在社会综合治税上从以下方面进行了有益探索:

一是建立政府各相关部门的协同和联合监管制度。为构建高效运作的制度保障体系,上海自贸区将税务、海关、工商、检验检疫等不同领域的市场监督执法部门各自的功能集中起来,明确市场监管的执法主体以及相对统一的执法程序,建立联动联勤平台和网上执法办案系统,实行信息共享、资源整合、执法联动、措施协同的监管工作机制。

二是组织社会力量参与市场监督制度。上海自贸区通过扶持引导、购买服务、制定标准等制度安排,鼓励、支持广大专业服务机构和行业协会参与市场监督。具体而言,上海自贸区采取政府购买、依托第三方审计的方式开展企业所得税汇算清缴"事后审核",由会计师事务所等专业服务机构承担企业年报的审计工作,由第三方检验机构为自贸区的进出口商品检验出具鉴定报告,商事调解中心在自贸区内开展纠纷案件的调解业务等,初步形成社会力量参与市场监督的有效途径。

三是充分发挥会计师事务所等专业机构的社会监督功能。作为上海自贸区三家评估机构之一,普华永道对上海自贸区实施一周年的改革效果进行了评估。通过先后调查125家各类企业,与美中商会、欧盟商会等进行沟通,并对国内外自贸区作了详尽的对标分

---

[1] 河池市国际税收研究会课题组:《社会综合治税的国际借鉴研究》,载《经济研究参考》2015年第35期。

析,普华永道对上海自贸区的改革,尤其是事中事后行政管理模式的实践进行了客观评价,力争客观、全面地反映企业心声。①

三、自贸区税务综合监管的绩效与完善

"社会化综合治税是一项创新性的税收征管方式,主要内容是通过相关部门和社会各界全方位的联系,建立完善的税源管理立体交叉网络,实现治税信息的及时传递与交换。其目的是进一步加强税源控管,提高税收管理质量,实现税款征收工作的法制化、规范化,最大限度地减少各种税收流失,确保财政收入稳步增长。"②从实施效果来看,上海自贸区实施综合监管以来,社会化综合治税逐步形成了较为完善的税源监控网络,实现了税源管理由税务部门单一治税到政府主导下多部门综合治税的重大转变,较好地解决了税源管理特别是零散税源管理不到位的问题,有力地促进了当地经济发展和税收收入增长,在依法治税上取得了显著的成效。

截至2014年6月底,上海自贸区累计新设企业10445家,新设外资企业1245家,包括中国香港492家、美国113家、中国台湾110家,平均每月新注册企业700多家,其中新注册外资企业为150家左右;办结49个境外投资项目备案,对外投资12.69亿美元;进出口总额以美元计算同比增长11%,人民币跨境资金池收入额月

---

① 参见唐玮婕:《四份第三方评估机构报告出炉 自贸区得到高分》,载《文汇报》2014年11月15日。

② 刘国庆:《对社会化综合治税的认识》,载《税务研究》2012年第3期。

增长72%;半年内完成经营总收入7400亿元,同比增长11.2%。①2014年上半年,上海自贸区的税收、经营总收入、进出口总额、合同外资分别同比增长19.1%、11.2%、10.9%和6.8倍。②

当然,毋庸置疑,上海自贸区的税务综合监管也存在形式化、表面化的问题。为了构建法治、公平、有序的税收环境,今后这一体系也要实现规范化、制度化和科学化。要使社会化综合治税职能归位于正常税收征管体系的组成部分,保持其规范、高效和持续,有学者指出主要应解决以下问题:③

一方面,提升社会化综合治税工作的法律保障是当务之急。尽管《税收征管法》对部门加强协作配合、实现信息共享作出了原则规定,但是并没有明确具体的法律责任。因此,一是应将社会化综合治税写进《税收征管法》,通过立法明确各个部门的配合义务和相应的法律责任,提高社会化综合治税的法律层次;二是加强地方立法,通过地方人大立法,解决社会化综合治税的制度保障问题,从法律制度上确保社会化综合治税工作的健康发展。

另一方面,扩大社会化综合治税的覆盖面,将所有税源纳入监控和管理范围。社会化综合治税工作最初的出发点为集中对零散税源进行监控和管理,随着工作实践的逐步深入,覆盖面也越来

---

① 参见佚名:《上海自贸区一周年"答卷"》,载新华网 http://news.xinhuanet.com/fortune/2014-09/24/c127026276.htm,2017年7月28日访问。

② 参见佚名:《2014上半年上海自贸区税收、收入、进出口全增长》,载中央政府网,http://www.gov.cn/xinwen/2014-07/25/content_2724204.htm,2017年7月28日访问。

③ 参见刘国庆:《对社会化综合治税的认识》,载《税务研究》2012年第3期。

广，今后可以也应该扩展到对所有税源的监控和管理，既包括已纳入正常征管范围的税源，也包括尚未得到有效管理的隐蔽性税源；既包括现实税源，也包括潜在税源。真正把社会化综合治税作为一种新的征管模式来对待，不断延伸、拓宽社会化综合治税工作的领域，尽快建立起全方位、多角度的税源控管新格局。

第六章 问题与主义:自贸区建设的前景展望

　　自由贸易区战略是我国新一轮对外开放的重要内容,是积极运筹对外关系、实现对外战略目标的重要手段,是积极参与国际经贸规则制定、争取全球经济治理制度性权利的重要平台。

　　如果说"一带一路"战略更侧重于"硬件"方面的互联互通,侧重于以基础设施为先导和核心促进沿线国家实现"五通";那么,自贸区战略则偏重于"软件"方面的互联互通,侧重于以降低贸易门槛、提升贸易投资便利化和自由化程度来加快区域内的经济一体化进程。①

——王军

　　从整体来看,上海自贸区作为第一批试点,无疑是地方试点,具

---

① 王军:《2014年中国经济与世界经济联动研究》,载中国国际经济交流中心:《国际经济分析与展望(2014～2015)》,社会科学文献出版社2015年版,第36页。

有服务全国的特点。一方面,我国的自贸区建设具有先后性与差异性,各个自贸区需要突出历史定位,实现特色发展;但另一方面,自贸区建设也要保持协同发展,确保整体性。"一带一路"战略是构建全方位我国开放新格局的总抓手,这一战略的具体实施,需要自贸区建设作为基础支撑,形成以点带面、联动发展的改革开放新局面。同时,自贸区建设与"一带一路"战略都属于开放型经济建设的重要组成部分,这些都对税收征管提出了新的挑战。如何加强国际税收征管合作,提升税务机关的征管能力,维护我国的税收权益并为经济社会发展服务,是今后税收征管改革长期努力的目标。

第一节 自贸区建设的差异性与整体性

从国家的战略布局来看,我国的自贸区建设具有差异性和先后性,上海自贸区设立后,国家又于 2015 年先后以不同的批次设立了天津、广东和福建自贸区。[①] 这主要是因为自贸区建设既要进行制度创新,又要保持风险可控。

一、自贸区建设的先后性与差异性

自从国家提出自贸区战略以来,各地纷纷响应这一号召,积极

[①] 2017 年 4 月 1 日,第三批的辽宁、浙江、河南、湖北、四川、陕西、重庆 7 地自贸区正式统一挂牌。至此,"我国基本形成以'1+3+7'自贸区为骨架、东中西协调、陆海统筹的全方位和高水平区域开放新格局,并为加快实施'一带一路'战略提供重要支撑。"参见赵静:《第三批自贸区即将挂牌 中国自贸区形成 1+3+7 雁行阵》,载《上海证券报》2017 年 3 月 31 日。

向国家申报。但是从最终的结果来看,第一批次只有上海申报。这是因为从全国来看,上海的市场经济最为发达,管理经验较为先进,近年来一直是改革开放的前沿。同时,上海作为沿海开放城市,设立了成熟的外高桥保税区、外高桥保税物流园区、洋山保税港区和浦东机场综合保税区这 4 个海关特殊监管区域,[①]具有建立自贸区、实行试点先行的基础。

  当然,为了最大限度地降低风险、减少改革失败几率,国家非常重视把握改革方向,防控改革风险,确保改革成效。上海自贸区的全称为"中国(上海)自由贸易试验区",其中"试验"二字即可见一斑。据不完全统计,有关自贸区的法律法规中"风险"一词出现频率高达 530 次之多,13 处提及"风险可控"和"风险控制",同时"风险防控"一词也出现 2 次。对此,有学者指出,在自贸区的法制建设中,我们有必要引入"风险可控"原则,这不仅是改革创新的迫切需求,更是我国实现国际化、法治化的必由之路。[②]

  按照《中国(上海)自由贸易试验区总体方案》的要求,上海自贸区的主要任务是"按照先行先试、风险可控、分步推进、逐步完善的方式,把扩大开放与制度改革相结合、把培育功能与政策创新相结合,形成与国际投资、贸易通行规则相衔接的基本制度框架"。可见,为了避免自贸区的试验失败,减少制度成本,自贸区建设的原则

---

 ① 2014 年 12 月扩容后,上海自贸区还包括金桥出口加工区、张江高科技园区和陆家嘴金融贸易区。

 ② 参见佚名:《自贸区法制建设中的"风险可控"原则》,载华讯财经网,http://finance.591hx.com/article/2015-04-01/0000452962s.shtml,2017 年 7 月 20 日访问。

是"先行先试、风险可控、分步推进、逐步完善"。

同时,值得注意的是,由于各个自贸区的特点不同,四大自贸区的历史定位也有不同。从扩容后广东、福建、天津等各地自贸区的定位来看(参见表6-1)①,上海自贸区着眼于全国发展和新一轮改革开放,利用先行先试的优势,探索统一适用的外商投资负面清单等制度创新,致力于建设公平竞争、统一开放的市场环境,并对其他自贸区产生辐射效应。

各大自贸区之间的差异性要求我们"鼓励四个自贸区结合各自特色开展自主创新、自主实践,赋予自贸区足够的自主权,调动积极性,注重顶层设计与基层实践的互动,提升自贸区的开放度和创新

---

① 2017年4月1日,第三批的辽宁、浙江、河南、湖北、四川、陕西、重庆7地自贸区正式统一挂牌。对于这三批自贸区的不同定位,有学者指出,第一批自贸区是改革试验田,第二批自贸区是实现功能差异化,第三批自贸区的定位是全面开花。关于前两批自贸区的定位详见表6-1,在此不再赘述。在第三批7个自贸区中,有5个省份均位于内陆,定位更加成熟化、差异化,并全面承接国家多个重大战略:辽宁着力打造提升东北老工业基地发展整体竞争力和对外开放水平的新引擎;浙江就推动大宗商品贸易自由化、提升大宗商品全球配置能力进行探索;河南着力建设服务于"一带一路"建设的现代综合交通枢纽;湖北主要发挥其在实施中部崛起战略和推进长江经济带建设中的示范作用;重庆主要是落实重庆战略支点和连接点重要作用,带动西部大开发战略深入实施;四川主要是打造内陆开放型经济高地,实现内陆与沿海沿边沿江协同开放;陕西主要是落实中央关于更好发挥"一带一路"建设对西部大开发的带动作用。参见佚名:《第三批自贸区挂牌在即 七大自贸区特点解读》,载中国证券网,http://www.cs.com.cn/xwzx/hg/201702/t20170220_5181981.html,2017年7月28日访问。由于篇幅限制,该表格仅对前两批成立的四大自贸区进行了详细对比,第三批自贸区在此简略介绍,下文对此也作了相同处理,特此说明。

度"①。各个自贸区只有基于区位位置、自身特点的不同，突出特色，积极探索创新，才能实现国家对外开放的战略部署，完成自贸区建设的历史使命。

表 6-1　四大自贸区情况对比表

批次	成立时间	地点	定位	区位优势
第一批	2013年9月29日	上海	基于国家全局视野，争当投资贸易便利化改革的"领头羊"	市场经济最发达，同时具有改革开放"排头兵"的历史地位
第二批	2015年4月21日	天津	推动京津冀协同发展	第二批自贸区中面积最大、北方首个自贸区，重点发展融资租赁业、高端制造业和现代服务业
第二批	2015年4月21日	福建	进一步深化海峡两岸经济合作	大陆地区与台湾距离最近的省份，重点突出对接台湾自由经济区，以及建设海上丝绸之路
第二批	2015年4月21日	广东	面向港澳深度融合	邻近港澳地区，以深化邻近粤港澳合作为重点，进一步推动粤港澳服务贸易自由化，同时加快经贸规则与国际对接

二、上海自贸区自身内部各部门的协同

在上海自贸区的建设过程中，被提及最多的是通过制度创新促

---

① 周汉民：《我国四大自贸区的共性分析、战略定位和政策建议》，载《理论视野》2015年第8期。

开放,通过开放倒逼改革。从《中国(上海)自由贸易试验区总体方案》来看,上海自贸区紧紧围绕面向世界、服务全国的战略要求和上海"四个中心"建设的战略任务,把扩大开放与体制改革相结合,把培育功能与政策创新相结合,形成与国际投资、贸易通行规则相衔接的基本制度框架,旨在建立开放型现代市场经济体制,涉及加快政府职能转变、扩大投资领域的开放、推进贸易发展方式转变、深化金融领域的开放创新以及完善法制领域的制度保障五个方面,因而是全面的、系统的、深化的改革(参见表6-2)。

由上可见,上海自贸区建设进行的是全面深化改革,涉及经济、政治、文化、社会等多个领域的综合改革。为了提高改革的协调性和一致性,上海市政府协同央行上海总部、银监、保监、金融办、自贸区管委会等单位,成立了一个专门的自贸区协调工作组。

表6-2 上海自贸区涉及的全面改革内容

主要任务	具体措施
加快政府职能转变	深化行政管理体制改革
扩大投资领域的开放	扩大服务业开放
	探索建立负面清单管理模式
	构筑对外投资服务促进体系
推进贸易发展方式转变	推动贸易转型升级
	提升国际航运服务能级
深化金融领域的开放创新	加快金融制度创新
	增强金融服务功能
完善法制领域的制度保障	完善法制保障

（续表）

主要任务	具体措施
创新监管服务模式	推进实施"一线放开"
	坚决实施"二线安全高效管住"
	进一步强化监管协作
探索与试验区相配套的税收政策	实施促进投资的税收政策
	实施促进贸易的税收政策

这里需要特别指出的是，自贸区自身内部各部门的协同本来还包括国家税务机关与地方税务机关的合作，但是由于上海是唯一两个部门合署办公的区域，因此不存在这方面的问题。但是在天津、广东、福建等其他自贸区建设时，如何处理国税、地税间二者的关系成为必须关注的问题。针对这一问题，国家提出了"深化国税、地税改革"的目标，从创新纳税服务机制、转变征收管理方式、深度参与国际合作等方面作出部署，进一步促进合理划分国税、地税征管职责，并将在纳税服务等环节实施国税、地税深度合作。①

三、自贸区建设的整体性与协调性

2008年2月，美国正式加入《跨太平洋伙伴关系协定》（Trans-Pacific Partnership Agreement，简称"TPP"）②，此后着手整合亚太地区的自由贸易区，实施"重返亚洲"和"亚太再平衡"战略。学术界因

---

① 参见《深化国税、地税征管体制改革方案》，载新华网，http://news.xinhuanet.com/2015-12/24/c_1117572115.htm，2016年5月4日访问。

② TPP是由美国主导的，由其选定的亚太有关经济体成员国参加的跨区域经济合作组织，原名"亚太自由贸易区"，旨在促进亚太地区的贸易自由化。

此认为国际上出现了"双边自由贸易泛滥"和自贸区"碎片化"的趋势。有人甚至还把自贸区"碎片化"说成是一种"风险"或"危险",提醒我们必须对此保持高度重视。①

从地理位置上来看,现有的四大自贸区分别分布在上海、天津、广东、福建等地,而且各个自贸区又由小面积的片区组成(参见图6-1)。例如,广东自贸区由广州南沙新区、深圳前海蛇口和珠海横琴新区三个片区组成,其中的南沙新区又分成7个小的片区,其功能定位也各有不同。这种"碎片化"的自贸区发展模式,在全球自贸区发展史上并不多见,在中国也是一种大胆的尝试。然而,片区与片区之间如何突破"大而全"的思维定式,突出特点,错位发展,是自贸区建设必须面对的重要问题。

对于自贸区建设存在"碎片化"倾向的看法,有学者指出,这一说法否定了自由贸易发展的规律,否定了双边自由贸易的性质,否定了双边自由贸易的必然性及其作用,同时也否定了我国推行双边自由贸易的实践,因而自贸区建设"碎片化"的提法是不科学的。②对此,笔者表示赞同,四个自贸区共用一张负面清单,同时适用外商投资安全审查制度等,这些都表明四个自贸区在实施国家对外开放战略上的一致性和整体性。

当然,四个自贸区"碎片化"的表象使得这些自贸区在建设的进程中必须统筹协调、各自为战而又目标一致,避免出现改革不同步、政策不一致、推进工作不协同等问题,防止自贸区间的恶性竞争。

---

① 参见刘昌黎:《不能轻易说自贸区"碎片化"》,载《国际贸易》2015年第1期。

② 同上。

图 6-1 四大自贸区地理位置分布图

在自贸区建设的推进协调机制上,各个自贸区改革举措推进的协同性不够。许多改革举措涉及多个部门,尽管各部门改革积极性都很高,但改革的重点、次序、节奏不一致,容易出现改革措施不统一、不配套、不协调的问题。2015年2月7日,国务院同意建立自贸区工作部际联席会议制度,由商务部、国家税务总局等30个中央部门组成,协调解决自贸区建设中跨部门、跨地区的重大问题。① 这一制度旨在引导4个自贸区协同发展,鼓励制度创新,不搞政策攀比,形成各具特色的改革开放高地。要针对各部门有些改革不同步、相关政策不一致、推进工作不协同等问题加强督促检查,避免出现工作措施落不了地的情况。

---

① 参见《国务院关于同意建立国务院自由贸易试验区工作部际联席会议制度的批复》(国函〔2015〕18号)。

第二节 自贸区建设与一带一路战略的协同

有学者指出,我国以开放倒逼改革的历史大致先后经历了4个阶段:(1) 1978—1988年,5个经济特区和14个沿海开放城市相继设立,形成我国改革开放由点到面、连线成片的格局;(2) 1986—2001年,我国从提出"复关"申请到最终"入世"成功,促进了改革开放,又融入了世界;(3) 1990年4月18日,上海浦东新区开发开放,树立了改革开放新典范,其后我国相继设立了11个新区,形成全方位、宽领域、高层次的开发开放;(4) 2013年9月,上海自贸区设立。① 自贸区本质上是以更大的开放促进更深入的改革,是一扇开放模式创新的窗口,更是一场制度改革的大戏。在进行自贸区建设的同时,国家又倡议共建"丝绸之路经济带"和"21世纪海上丝绸之路"。如何处理好二者的关系,加强自贸区建设与一带一路战略的协同,是今后对外开放和深化改革的工作重点。

一、"一带一路"战略及其目标定位

2013年9月,在上海自贸区设立的同时,国家先后提出了与中亚和东南亚国家共同建设"丝绸之路经济带"和"21世纪海上丝绸之路"的倡议,简称"一带一路"战略。根据2015年3月28日国家

---

① 参见周汉民:《我国四大自贸区的共性分析、战略定位和政策建议》,载《国际商务研究》2015年第4期。

发改委、外交部、商务部联合发布的《推动共建丝绸之路经济带和21世纪海上丝绸之路的愿景与行动》,"一带一路"战略建设以政策沟通、设施联通、贸易畅通、资金融通、民心相通为主要内容,在这些重点领域加强合作,参见表6-3:

表6-3 "一带一路"战略的合作重点

主要方面	具体内容	地位
政策沟通	积极构建多层次政府间宏观政策沟通交流机制;就经济发展战略和对策进行充分交流对接,共同制定推进区域合作的规划和措施	"一带一路"建设的重要保障
设施联通	加强基础设施建设规划、技术标准体系的对接,共同推进国际骨干通道建设,逐步形成连接亚洲各区域以及亚欧非之间的基础设施网络	"一带一路"建设的优先领域
贸易畅通	解决投资贸易便利化问题,消除投资和贸易壁垒,构建区域内和各国良好的营商环境,积极同沿线国家和地区共同商建自由贸易区,激发释放合作潜力,做大做好合作"蛋糕"	"一带一路"建设的重点内容
资金融通	深化金融合作,推进亚洲货币稳定体系、投融资体系和信用体系建设。扩大沿线国家双边本币互换、结算的范围和规模。推动亚洲债券市场的开放和发展。推进亚洲基础设施投资银行、金砖国家开发银行筹建,等等	"一带一路"建设的重要支撑
民心相通	传承和弘扬丝绸之路友好合作精神,广泛开展文化交流、学术往来、人才交流合作、媒体合作、青年和妇女交往、志愿者服务等,为深化双多边合作奠定坚实的民意基础	"一带一路"建设的社会根基

"一带一路"战略是新时期我国对外开放和经济外交的顶层设计,对于国内发展和国际合作而言都具有十分重要的意义(参见

图 6-2）。一方面，"一带一路"建设将改变长期以来我国内陆沿边地区的对外开放一直相对落后，对外开放"东快西慢、海强陆弱"的地理特征，是构建全方位我国开放新格局的总抓手。"一带一路"建设的重要目的之一就是加快内陆沿边地区对外开放，促进东中西互动开放，推动我国对外开放从沿海、沿江向内陆、沿边进一步延伸，逐步形成陆海内外联动、东西双向开放的全国对外开放新格局。另一方面，"一带一路"战略秉承开放合作、开放包容、互学互鉴、互利共赢的丝路精神，旨在深化全方位的国际务实合作，促进全球互利共赢和共同发展，打造更加紧密的利益共同体、命运共同体和责任共同体。因此，"一带一路"倡议的建设是促进全球发展合作的"中国方案"，这一战略得到了国际社会的广泛关注和许多国家的积极响应。①

就税收层面而言，实施"一带一路"战略要求税务机关不仅通过完善税收优惠政策来减轻境外投资企业的税收负担，还应当建立全面的境外投资申报制度、提供广泛的税务信息服务，从而助力企业在"一带一路"战略下走得出、走得稳、走得好。②

---

① 参见高虎城：《以"一带一路"建设为统领开创对外开放新局面》，载商务部网站，http://www.mofcom.gov.cn/article/ae/ai/201604/20160401294782.shtml，2016 年 5 月 21 日访问。

② 参见陈展、徐海荣、兰永红、杨琴：《税收服务"一带一路"战略的有关问题探析》，载《税务研究》2016 年第 3 期。

第六章 问题与主义:自贸区建设的前景展望 139

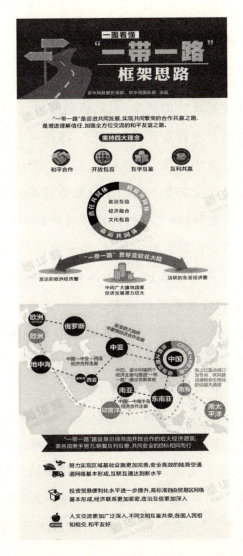

图 6-2 "一带一路"战略的框架图①

---

① 参见佚名:《一图看懂"一带一路"框架思路》,载新华网,http://news.xinhuanet.com/video/sjxw/2015-03/28/c_1114795030.htm,2016 年 4 月 12 日访问。

二、自贸区建设与"一带一路"战略的异同

对于自贸区建设与"一带一路"战略的关系,有学者指出:"一带一路"战略提出的"五通"(即政策沟通、道路联通、贸易畅通、货币流通和民心相通),与上海自贸区的"四化"(即投资自由化、贸易市场化、金融国际化、行政法治化)在精神上互通,充分说明自贸区建设和一带一路建设构成新常态下我国全球战略的两大支柱。[①] 具体而言,如果说"一带一路"战略是从构建对外开放新格局的高度出发的话,那么,自贸区则是在投资自由化、贸易便利化、金融国际化、行政管理简化等具体方面先行先试,为中国参与国际贸易谈判积累经验,为进一步倒逼国内改革提供动力。[②]

虽然自贸区建设与"一带一路"战略具有各种不同,但是"一带一路"战略的具体实施,需要自贸区作为基础支撑,形成以点带面、联动发展的改革开放新局面,自贸区建设要与"一带一路"战略实现无缝对接、深度融合。[③] 一方面,自贸区是"一带一路"战略的基础平台和重要节点。那些区位优势明显、腹地广阔、潜力较大的交通节点地区,可以借由自贸区而升级成为"一带一路"战略的发展平台和重要开放窗口。另一方面,自贸区与"一带一路"战略具有目与纲的支撑与引领关系。"一带一路"为纲,自贸区为目,纲举而目张,二

[①] 参见李扬、张晓晶:《"新常态":经济发展的逻辑与前景》,载《经济研究》2015年第5期。

[②] 同上。

[③] 参见杜明军:《自贸区与一带一路战略对接融合的思考》,载《河南日报》2015年6月19日。

者相得益彰,共同深化对外开放的载体。① 因此就上海而言,自贸区建设与"一带一路"二者都是国家战略,彼此是相辅相成、相互支撑的关系。

三、自贸区建设与"一带一路"战略的衔接

从目前实际情况来看,"一带一路"沿线很多国家属于发展中国家,自身的税收制度可能不完善,缺乏国际税收方面的经验和执法力量,总体上税收法治环境不好。为了解决各国间税制不协调、实现投资稳定预期,"一带一路"提出的战略合作重点将政策沟通放在首位。就税收领域而言,国家之间协商、谈判、签订税收协定,是实现国家间政策制度互联互通的重要途径。据有关部门统计,目前我国已经与53个"一带一路"国家签署税收协定,同时还有十余个国家尚未签署协定。此外,我国目前正在建立"一带一路"沿线国家税收沟通机制,利用双边税收协定项下的情报交换机制和多边税收征管互助公约项下的金融账户信息自动交换机制,与"一带一路"国家相互提供税收信息,提高税收透明度。②

2015年4月,为贯彻落实国家"一带一路"战略的重大决策部署,国家税务总局发布了《关于落实"一带一路"发展战略要求 做好税收服务与管理工作的通知》,从"执行协定维权益、改善服务谋发展、规范管理促遵从"三个方面出台了相关措施,具体内容参见

---

① 参见杜明军:《自贸区与一带一路战略对接融合的思考》,载《河南日报》2015年6月19日。
② 参见赵婧:《企业走出去遭遇税收拦路虎》,载《江苏经济报》2015年7月28日。

表 6-4：

表 6-4　国家税务总局落实"一带一路"战略的税收措施①

方面	主要措施	具体内容
执行协定维权益	认真执行税收协定	认真执行我国对外签署的税收协定及相关解释性文件，保证不同地区执法的一致性，减少涉税争议的发生，并配合税务总局做好非居民享受协定待遇审批改备案相关工作，为跨境纳税人提供良好的税收环境
	加强涉税争议双边协商	落实《税收协定相互协商程序实施办法》和《特别纳税调整实施办法（试行）》的有关规定，及时了解我国与"一带一路"沿线其他国家"引进来"和"走出去"企业涉税诉求和税收争议，主动向企业宣传、解释税收协定相关条款，特别是相互协商程序的规定，及时受理企业提起的相互协商申请，并配合税务总局完成相关工作
改善服务谋发展	建设国别税收信息中心	向全国各省税务机关推广国别信息中心试点工作。根据税务总局统一部署，省税务机关要做好前期调研、人员配备等启动准备，积极开展对口国家税收信息收集、分析和研究工作，尽快形成各省分国对接机制
	建立"一带一路"税收服务网页	依托税务总局网站于 2015 年 6 月底前建立"一带一路"税收服务网页，并从四季度开始，分国别发布"一带一路"沿线国家税收指南，介绍有关国家税收政策，提示对外投资税收风险，争取在 2016 年底前全部完成。"一带一路"税收服务网页也要发布我国有关税收政策解读、办税服务指南等，为"引进来"企业提供指导

---

① 参见《国家税务总局关于落实"一带一路"发展战略要求 做好税收服务与管理工作的通知》（税总发〔2015〕60号），载国家税务总局官方网站，http://www.chinatax.gov.cn/n810341/n810755/c1575644/content.html，2017 年 7 月 18 日访问。

(续表)

方面	主要措施	具体内容
改善服务谋发展	深化对外投资税收宣传辅导	分期分批为我国"走出去"企业开展税收协定专题培训及问题解答,帮助企业利用税收协定保护自身权益,防范税收风险。根据不同国家税收政策和投资风险特点,为"走出去"企业开展对外投资税收政策专题宣讲
	设立12366纳税服务热线专席	依托税务咨询12366平台,于2015年6月底前设置专岗,加强对专岗人员培训,解答"走出去"企业的政策咨询,回应服务诉求
	发挥中介机构作用	合理引导注册会计师事务所、注册税务师事务所等中介机构"走出去",提供重点投资国税收法律咨询等方面服务,努力为"走出去"企业提供稳定、及时、方便的专业服务
规范管理促遵从	完善境外税收信息申报管理	做好企业境外涉税信息申报管理,督促企业按照《企业所得税年度纳税申报表》和《国家税务总局关于居民企业报告境外投资和所得信息有关问题的公告》的规定履行相关涉税信息申报义务,为企业遵从提供指导和方便,并分类归集境外税收信息,建立境外税收信息专门档案
	开展对外投资税收分析	依托现有征管数据,进一步拓展第三方数据,及时跟进本地区企业投资"一带一路"沿线国家情况,了解投资分布特点、经营和纳税情况。从2015年起,省税务机关要每年编写本地区"走出去"企业税收分析年度报告,并于次年2月底前上报税务总局
	探索跨境税收风险管理	根据国际经济环境变化和对外投资特点研究涉税风险特征,探索设置风险监控指标,逐步建立分国家、分地区风险预警机制,提示"走出去"企业税收风险,积累出境交易税收风险管理办法和经验

第三节　开放型经济建设与税收征管能力提升

自贸区建设与"一带一路"战略都是新时期国家对外开放的具体路径,目前,国家正在进行开放型经济建设。这些都对税收征管提出了新的挑战。如何提升税务机关的征管能力,为经济社会发展服务,是今后税收征管改革长期努力的目标。就国家而言,税制竞争力(tax competitiveness)[①]正在成为国际竞争的重要方面。除了税制的公平、合理外,国家还应当具有良好的税收管理水平,具有简明、规范、高效和协调的特征。也有学者指出,国家的税收征管竞争力主要包括税收负担、征管效率和行政廉洁度三个维度,其中税收负担体现企业承担的显性经济成本,征管效率体现企业承担的显性行政成本,行政廉洁度体现企业承担的隐性成本,需要综合上述多个因素进行全面考虑。[②]

一、开放型经济与税收征管目标

2015年5月5日,国家发布了《关于构建开放型经济新体制的若干意见》,对构建开放型经济新体制提出了总体规划,其中明确要

[①] 目前,学术界对于税制竞争力没有一个明确的界定,也没有形成共识。有学者认为,应当从两个方面进行理解:从宏观层面来看,税制竞争力是政府制度竞争力的一种表现形式;从微观上看,国家的税制竞争力将直接转化为本国产品的价格竞争力。参见靳东升、龚辉文:《经济全球化下的税收竞争与协调》,中国税务出版社2008年版,第80、81页。

[②] 参见刘蓉、王鑫、毛锐:《"一带一路"沿线国家税收征管竞争力比较》,载《税务研究》2017年第2期。

求"坚持自主开放与对等开放,加强走出去战略谋划,实施更加主动的自由贸易区战略,拓展开放型经济发展新空间"。

开放型经济的目标在于促进我国企业构建全球价值链,并争取向价值链高端攀升;应对新技术革命酝酿的新形势,促进技术创新和结构调整;应对国际贸易投资新规则,发展面向全球的高水平自由贸易区网络;利用新优势和发挥中西部优势,提高整体开放水平;利用新兴市场和发展中国家发展空间扩大的新形势,加快实施走出去战略。① 开放型经济建设对我国现有的经济体制提出了新的要求,上海要成为开放型经济新高地,"就要在要素合作、资本流动、服务贸易等领域与国际规则、直接开放型经济新体制对接,建立具有国际标准的法治商业体系,构建集包容性、互利性、创新性于一体,具有和谐共赢、环境优越、机制灵活、体制先进、平等互利、进出自由特征的开放型经济新体制,成为对接国际经贸规则的示范地、先进生产要素的聚集地、开放型经济体制机制创新的策源地、引导我国开放型经济发展的制高地"②。

具体到税收征管而言,开放型经济建设需要我们加强国际税收管理体系建设,按照统筹国内国际两个大局的要求,在加强国内税收管理的同时,着力加强国际税收管理的总体部署,切实维护好我国税收权益。在税源国际化、维护国家税收权益的竞争中最终实现

---

① 参见裴长洪、郑文:《中国开放型经济新体制的基本目标和主要特征》,载《经济学动态》2014 年第 4 期。
② 唐海燕:《开放型经济新体制"新"在哪里?》,载《经济研究》2014 年第 1 期。

以下目标：①

一是维护国家税收主权。在国际税收中，国家基于自身的主权可以完全自主地制定和实施涉外税收制度，在合理分配国家的税收利益时防止税基侵蚀和税源流失。申言之，国家需要通过不断完善税收管辖权的行使，加强对纳税人尤其是"走出去"企业及个人的税源管理，保障各国按贡献得到自身应该得到的税收份额。

二是提升国际税收管理的质量和效率。针对目前国际税收法律制度的执行随意性较大、税收收入流的风险畸高的现状，税务机关应当以分类分级管理机制为基础，实行科学化、精细化管理，同时严格落实税收法定原则，实现应收尽收、保障国家税收收入。

三是提高对跨境纳税人进行纳税服务的水平。跨境纳税人对于税法的明确性、确定性要求更高，为此税务机关应当提高国际税收法律制度的透明度，通过加大税法宣传辅导和咨询力度提高其纳税能力，尤其是预约定价和预先裁定等具体制度上加强指引性和操作性，避免和消除国际重复征税。

四是增强国家在国际税收领域的话语权和影响力。税收治理是国家治理的重要内容，税收治理水平的高低关系着国家治理现代化目标的顺利实现。积极推动国际税收新秩序的形成，应当是各个国家间进行国际税收管理工作的重要任务。因此，税务机关应当进一步加强国际税收交流与合作，积极探索构建双边、多边与国际税收合作机制，在国际税收规则的制定上从适应者、跟随者转变为参

---

① 参见《国家税务总局关于加强国际税收管理体系建设的意见》（国税发〔2012〕41号）。

与者、引领者,充分发挥我国作为负责任大国的应有作用。

总之,在开放型经济建设的过程中,"我们必须在国家税收主权维护与国际税收协调中,积极发挥大国税收作用,既保障我国税收的应有权益,又提升我国税收支持开放型经济发展的能力,并持续参与和逐步推动国际税收合作迈向新阶段"①。

二、国外经验、应对与展望

开放型经济对各国的国际税收征管提出了新的挑战,各国都在积极建立完善国际税收征管协调机制,维护各自国家的税收利益。有学者指出,国际税收征管呈现出以下发展趋势:"以美国为首的在岸国,包括英国、法国和德国等,在饱受金融危机的重创后,将不断加强对资本的金融监管,由原来的对离岸金融中心相对妥协、放任和宽松的税收征管体制,逐渐加强为对它们的海外资本实行严格监管,并通过严格实施域外税收征管制度来防止税源的海外流失。"②

2010年,美国颁布了《海外账户纳税法案》(Foreign Account Tax Compliance Act,简称 FATCA),旨在打击美国公民和绿卡持有者离岸逃税行为。从主要内容来看,该法案要求包括金融机构在内的各类外国机构定时向联邦税务局报告美国人的账户信息和可缴纳预提税的款项,否则将征收 30% 的预提税。在这一法案的具体执行上,主要有外国机构与联邦税务局直接签订协议和美国与其他

---

① 邓力平:《"适应新常态、迈向现代化":对当前税收工作的四点思考》,载《财政经济评论》2015 年第 1 期。
② 崔晓静:《从"瑞银集团案"看国际税收征管协调机制的走向》,载《法学》2010 年第 12 期。

国家签订政府间协议两种模式。就前者而言,金融机构在内的外国机构直接向联邦税务局报告美国人的账户信息,并有义务代扣代缴未与联邦税务局签订协议且不被豁免的外国机构、不予配合账户验证和尽职调查的账户持有人这些纳税人应支付的预提税款。在后一种方式中,外国政府主动承诺向本国的金融机构搜集信息并自动移交给联邦税务局,这些金融机构不用单独与联邦税务局签订合作协议,美国也不再对支付给外国金融机构的可预提款项征收30%的预提税。在互惠条件下,美国也有义务向缔约国提供其掌握的该国纳税人账户信息,从而实现双边自动信息交换、加强税收征管合作。

对于美国政府推行这一法案的行为,有学者认为,尽管FATCA的本意是为了加强美国国内税法,防止美国公民利用海外账户隐匿资产或收入实施避税,但实质上则是美国政府利用其在国际经济和政治格局中的传统优势地位,扩大本国法的域外效力,主导国际税收秩序的话语权,重塑国际税务合作新模式。[①] 同时,也不容否认,美国的这一举措虽然最初表现为单边主义,旨在维护本国税收利益,但是实际上对于推动国际税收协调、建立国际税收情报交换体系、开展国际税收征管合作等方面具有积极的意义。因此,该学者主张,对于美国的FATCA我们应该给予积极的评价,单边主义行动未必就是有害于国际税收体系发展,其实单边主义也在一定程度

---

① 参见张泽平、杨金亮:《美国海外账户税收遵从法案及其背后的战略意图》,载《国际税收》2013年第4期。

上推动多边国际税收征管合作发展。①

"尽管 FATCA 法案手段简单、霸道,但其推行的税收透明还是得到了世界大多数国家的认可。截至 2014 年 12 月,共有 112 个国家同美国正式签署或草签了相关跨政府协议。"②今后,我国应该借鉴《海外账户纳税法案》的有益经验,积极推动国际税收征管合作的深入发展,推动建立合理、公平、透明的国际税收秩序。具体而言,除了上述谈到的国家间税收情报交换外,还包括国际税收征管互助,例如,国际税收协助征收、送达文书等方面,我国尤其需要加强国际反避税与逃税、跨国公司审计、非居民管理等方面的先进经验。通过这些措施加强国际税收征管,从而降低遵从成本、提高征管效率。

三、国际税收征管合作与展望

随着经济全球化和贸易一体化进程的加速,商品、资本、技术和人才资源在全球快速流动,为了应对由此带来的跨国税基侵蚀和利润转移负面影响,各国都开始积极维护各自的经济税收利益,正在加强国际税收合作。其中,影响最深远的是 2013 年 6 月 OECD/G20 启动的"BEPS 行动计划",③旨在修改国际税收规则、遏制跨国

---

① 参见李华泉:《从单边主义到多边税收征管合作——从中美 FATCA 政府间协议说起》,载《财经问题研究》2015 年第 2 期。

② 郝昭成:《国际税收迎来新时代》,载国家税务总局官方网站 http://www.ctax.org.cn/zt/jjss7/jbfy/201506/t20150609_1006561.shtml,2016 年 6 月 2 日访问。

③ BEPS 是 Base Erosion and Profit Shifting 的缩写,中文译为"税基侵蚀和利润转移",是指跨国企业利用国际税收规则存在的不足,以及各国税制差异和征管漏洞,最大限度地减少其全球总体的税负,甚至达到双重不征税的效果,造成对各国税基的侵蚀。

企业规避全球纳税义务、侵蚀各国税基的行为。从《OECD/G20税基侵蚀和利润转移项目2015年最终报告》来看,①该计划主要包括三个方面的内容:一是保持跨境交易相关国内法规的协调一致;二是突出强调实质经营活动并提高税收透明度;三是提高税收确定性。具体而言,"BEPS行动计划"包括应对数字经济的税收挑战、消除混合错配安排的影响、制定有效受控外国公司规则、对利用利息扣除和其他款项支付实现的税基侵蚀予以限制、考虑透明度和实质性因素,有效打击有害税收实践、防止税收协定优惠的不当授予、防止人为规避构成常设机构、无形资产转让定价指引、衡量和监控BEPS、强制披露规则、转让定价文档和国别报告、使争议解决机制更有效、制定用于修订双边税收协定的多边协议等15项内容。

"BEPS计划"已经不再是单纯的税收问题,而是上升为国际社会的重大政治议题,正在改变和重塑传统的国际税收规则。在这样的大背景下,我国也在积极回应纳税人应税行为多元化、跨区域、国际化的新趋势。《深化国税、地税征管体制改革方案》明确提出,切实加强与国际社会的税收合作,"适应经济全球化的趋势和我国构建开放型经济新体制的要求,树立大国税务理念,用国际化视野谋划税收工作,加强对国际税收事项的统筹管理,着力解决对跨国纳税人监管和服务水平不高、国际税收影响力不强等问题"②。2013

---

① 关于《OECD/G20税基侵蚀和利润转移项目2015年最终报告》的具体内容,参见国家税务总局官方网站,http://www.chinatax.gov.cn/n810219/n810724/c1836574/content.html,2017年5月21日访问。

② 参见《深化国税、地税征管体制改革方案》,载人民网,http://cpc.people.com.cn/n1/2015/1225/c64387-27974364.html,2017年5月21日访问。

年 8 月 27 日，我国正式签署了《多边税收征管互助公约》，并于 2015 年 7 月 1 日由全国人大常委会批准通过，目前已在我国生效。按照这一公约，我国将对除关税、船舶吨税外的所有税种向其他国家进行税收征管协助，具体包括情报交换、税款追缴和文书送达三种形式。① 2015 年 12 月 17 日，我国随后也签署了《金融账户涉税信息自动交换之多边政府间协议》，为下一步实施《金融账户涉税信息自动交换标准》奠定法律基础。

同时必须指出，我们必须明确税收征管合作的最终目的旨在维护国家的税收主权和利益。正如学者所言，"维护国家税收权益离不开国际税收合作；也只有不断提高国际税收合作水平，才能更好地维护国家税收权益和'走出去'企业的合法权益"②。为了支持"一带一路"战略，我国先后与这些"一带一路"沿线国家签署了避免双重征税协定，建立了包括避免双重征税协定和情报交换协定在内的双边税收合作机制，通过开展反避税调查、税收情报交换等方式有效地维护了我国的税收权益。

2016 年 5 月 13 日，由经济合作与发展组织（OECD）组织的第十届税收征管论坛在北京召开。论坛围绕彼此相互关联的三个主题展开了热烈讨论：一是实施 G20/OECD 国际税收改革成果，敦促

---

① 参见国家税务总局办公厅：《关于〈多边税收征管互助公约〉生效执行公告的解读》，http://www.chinatax.gov.cn/n810341/n810760/c2004643/content.html，2017 年 6 月 1 日访问。

② 王力：《税收促进供给侧结构性改革要处理好几个关系》，载国家税务总局官方网站，http://www.ctax.org.cn/zt/2016jjsh/xcfc/201604/t20160425_1039012.shtml，2017 年 6 月 1 日访问。

各成员税务局长协调一致采取行动;二是建设现代化税务部门,使技术进步紧跟时代步伐,有效应对数字化经济带来的机遇和挑战;三是加强能力建设,帮助所有国家特别是发展中国家提高征管水平,使其更加合理配置资源,从国际税收改革中受益。[1] 这些为下一步加强国际税收征管合作指明了方向。

总之,征管能力建设是一项具有长期性、复杂性、艰巨性的历史任务,涉及面广、工作难度大、持续时间长,需要持久的努力。今后,我国需要继续支持和深度参与国际税收改革,加强税制协调,强化国际合作,提高打击国际反避税能力,共同促进建立公平、良好的国际税收秩序。

---

[1] 参见国家税务总局办公厅:《第十届税收征管论坛大会公报》,载国家税务总局官方网站,http://www.chinatax.gov.cn/n810219/n810724/c2140420/content.html,2017年6月5日访问。

第七章　经验与提升:复制推广与《税收征管法》立法完善

> 改革开放的成功经验表明,将改革成果通过立法,以法律形式予以规定,可以借助法律所具有的稳定性、规范性、权威性,以宪法法律确认改革,为改革保驾护航……免除改革所带来的负面影响。①
>
> ——姜伟

上海自贸区的定位在于国家的试验田,因此上海自贸区建设的重要问题在于如何评估试验结果,并将成功经验复制推广,为今后的改革所用。从 2013 年建立至今,上海自贸区为期 3 年的试验期已经届满,如何客观公正地评价上述任务的完成情况以及在今后的改革实践中扬长避短显得尤为迫切和需要。正如学者所言,纵观改革开放以来的立法进程,始终高度重视立法"试点"是我国税收立法的一个重要特点。近年来,我国在增值税、房产税、资源税等领域所

---

① 姜伟:《全面深化改革与全面推进依法治国关系论纲》,载《中国法学》2014 年第 6 期。

进行过的"税改试点",涉及的课税要素调整或税收征管改革最终都在立法层面落实,因此这些"税改试点"实质上都是"立法试点"。[1]

从前文分析可见,上海自贸区在税收法治建设方面主要集中在征管程序的制度创新上,目前作为税收征管程序基本法的《税收征管法》正在紧锣密鼓地修订中。上海自贸区的经验探索为这一立法的完善提供了经验范本,作为税收征管程序的基本法律有必要对这些成功经验进行立法确认。

第一节 自贸区的先行先试与经验推广

如前所述,上海自贸区建设的特点是"可复制、可推广",因此,上海自贸区在充分先行先试的基础上形成了若干成功经验,并先后进行了复制推广。就复制推广的思路而言,主要有三个层面:一是将自贸区的改革举措在上海市范围内进行推广;二是对其他自贸区的税收征管产生辐射作用;三是在全国范围内实施。

一、自贸区经验在上海市范围内的复制推广

自贸区在上海辖区内,成立初期包括4个海关特殊监管区域在内的面积总共28.78平方公里,仅是上海市总面积6340平方公里的很小一部分。即使2014年12月28日全国人大常务委员会授权国务院将上海自贸区区域扩展到120.72平方公里,总共面积也不

---

[1] 参见张守文:《我国税收立法的"试点模式"——以增值税立法"试点"为例》,载《法学》2013年第4期。

到1/50。自贸区经验在全市推广,这本身也是上海作为创新高地的表现。这其中最主要的是关于自贸区创新纳税服务的措施在上海逐步复制推广。

2014年7月,国家税务总局发布《关于支持中国(上海)自由贸易试验区创新税收服务的通知》,决定在整个上海自贸区内试点推行"税收一网通办、便捷优质高效"(简称"办税一网通")10项税收服务创新措施。这些举措旨在税收服务、管理创新上强化执行的"力度",加快落实的"速度",拓宽创新的"广度",为市场主体搭建便捷、优质、高效的现代化税收服务"通道"。

此后,这些创新措施先后在浦东新区扩大试点、上海全市分区逐步扩大试点(参见图7-1)。具体而言,税务机关从11月15日起率先在浦东全区进行"办税一网通"扩大试点,同时在全市范围内实施网上发票应用、网上自主办税、网上资格认定和网上服务体验4项服务举措。1个月后,上海市国家税务局、上海市地方税务局开始在全市范围内推广实施税务登记自动赋码管理,①"办税一网通"中的其他5项服务举措即网上自动赋码、网上区域通办、网上非贸管理、网上按季申报、网上审批备案和网上信用评价等也在进行全市扩大试点。目前,"办税一网通"中的网上自动赋码等3项措施已全面覆盖上海市,其他创新措施的复制推广工作也在逐步推进。

---

① 参见上海市国家税务局、上海市地方税务局《关于本市实施税务登记自动赋码管理的公告》。

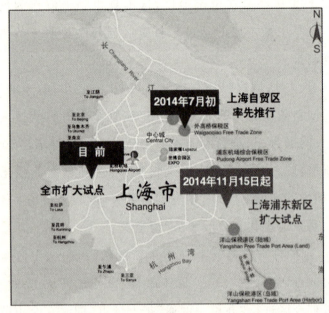

图 7-1 "办税一网通"推广步骤①

从实际效果来看,这些税收服务创新措施遵循干预最小化、服务最大化和纳税诚信化的税法理念,为实现国际投资贸易便利营造市场化、国际化、法治化的营商环境。据统计,"办税一网通"10 项措施全面试点后,在浦东新区短短 1 个多月内,4422 户纳税人体验自动赋码,受理网上备案事项共计 23 件,受理网上合同备案多达 501 份,网上自主办税率达到 25.87%,部分税务所达到 75% 以上。11 月 15 日,网上自主办税和网上服务体验这两项措施全面实施后,网上办税服务厅使用率达到 43.29%;12 月 15 日起,网上自动

---

① 参见国家税务总局办公厅:《上海市推行自贸区税收服务创新措施成效初显 税收一网通办逐步推广》,载国家税务总局官方网站,http://www.chinatax.gov.cn/n810219/n810724/c1492672/content.html,2017 年 7 月 26 日访问。

赋码措施全面覆盖整个上海市;截至 2014 年底,全市共有 1.7 万户企业通过自动赋码完成税务登记事项。①

在改革开放以来的立法进程中,始终高度重视立法"试点"是我国税收立法的一个重要特点。② 这 10 项税收服务创新措施以上海自贸区建设为契机,开展税收征管改革的试点实施与复制推广工作,通过不断优化流程、改善纳税服务,实现最大限度地便利纳税人和规范税务人,顺应了征管规范化与税收现代化的发展趋势,为税务机关创新管理服务方式提供了可复制、可推广的经验。

二、自贸区经验对其他自贸区的辐射效应

上海自贸区的总体定位要求是为对外开放的国家战略服务,"当好改革开放排头兵",目标则是形成更多可复制、可推广的经验。作为全国首个自贸区,上海自贸区的创新经验对于天津、福建、广东自贸区等地也有辐射效应。这主要表现在四个自贸区共同实施外商投资准入特别管理措施、外商投资国家安全审查等方面。2015 年 4 月 20 日,为了贯彻落实国民待遇原则,国务院公布了《自由贸易试验区外商投资准入特别管理措施(负面清单)》(以下简称《自贸试验区负面清单》)。《自贸试验区负面清单》同时适用于上海、广东、天津、福建四个自由贸易试验区,即四个自贸区共用一张负面清

---

① 参见国家税务总局办公厅:《上海市推行自贸区税收服务创新措施成效初显 税收一网通办逐步推广》,载国家税务总局官方网站,http://www.chinatax.gov.cn/n810219/n810724/c1492672/content.html,2017 年 5 月 26 日访问。

② 参见张守文:《我国税收立法的"试点模式"——以增值税立法"试点"为例》,载《法学》2013 年第 4 期。

单。其实在此之前,上海自贸区成立之初随即制定了《中国(上海)自由贸易试验区外商投资准入特别管理措施(负面清单)(2013年)》,此后在 2014 年又进行了修订,《自贸试验区负面清单》是在上海自贸区的实践基础上完成的。[①] 同时,为引导外商投资有序发展、维护国家安全,国务院还发布了《自由贸易试验区外商投资国家安全审查试行办法》。该办法规定在四个自贸区试点实施与负面清单管理模式相适应的外商投资国家安全审查,对影响或可能影响国家安全、国家安全保障能力,涉及敏感投资主体、敏感并购对象、敏感行业、敏感技术、敏感地域的外商投资进行安全审查。

在税收征管方面,如前所述,上海自贸区成立后,国家税务总局出台了 10 项税收便利化创新举措。广东、天津、福建三大自贸区正式挂牌后,国家税务总局发布了《关于创新自由贸易试验区税收服务措施的通知》,将 2014 以来实施的支持上海自贸区发展"办税一网通"10 项创新措施推广至三大自贸区,进一步加快政府职能转变,推进税收现代化建设。

当然,天津、福建、广东自贸区在借鉴上海自贸区成功经验的同时也在突出各自特色,与上海自贸区形成互补试验、对比创新,这些自贸区也在积极地进行税收征管创新,详情如下:

---

① 相比较而言,2014 年上海版自贸试验区负面清单有特别管理措施 139 条,此次作了进一步调整,删除了 17 条特别管理措施,进一步缩小了限制的范围。

表 7-1 天津、福建、广东自贸区税收征管制度创新

自贸区	具体措施	主要内容
天津	"办税快捷、轻松e点、涉税通办"三类十项服务举措,简称"快e通"	天津地税推出十项服务举措,具体包括快速登记、快速领票、快速退税、快速响应、e网通办、自助办税、在线互动、国地通办、区域通办、"一窗"通办等①
福建	建立"3A移动税务服务平台",简称"一掌通"	福建地税利打造税务平台纳税人客户端,使纳税人实现在任何时间(anytime)、任何地点(anywhere)办理任何税务事项(anything),提供了纳税申报、税款缴纳、等涉税事项服务②
广东	"自贸税易通"12项创新税收服务措施,实现"三易、三快、三优、三联"	广东地税出台了12项措施,具体包括提供随身易电子办税服务、全天易自助办税服务、开票易电子发票服务,快速办理出口退(免)税、快速办理税收优惠、快速办理涉外业务,优化涉税事项办理、优化票证领用手续、优化税收政策辅导,实行税务登记联合赋码、纳税信用联合共建、粤港澳税收联合互动

三、自贸区经验在全国范围内的复制推广

"办税一网通"创新税收服务措施在上海自贸区受到广大纳税人的热烈欢迎,实施效果不仅好于预期,甚至可以用"出乎意料"来形容。正是由于这一原因,"办税一网通"迅速在上海全市进行试点

---

① 参见王会文、商红健、孙文胜:《民有所呼我有所应、民有所求我有所为——天津国税开启纳税服务新征程》,载天津市国家税务局官方网站,http://www.tjsat.gov.cn/11200000000/0400/040001/04000102/201504291200530 65.shtml,2017 年 5 月 21 日访问。

② 参见佚名:《福建地税 3A 移动税务平台全新上线》,载福建地方税务局官方网站,http://www.fj-l-tax.gov.cn/ar/20150701140 00021.htm,2017 年 5 月 21 日访问。

160　税收征管改革的地方经验与立法完善

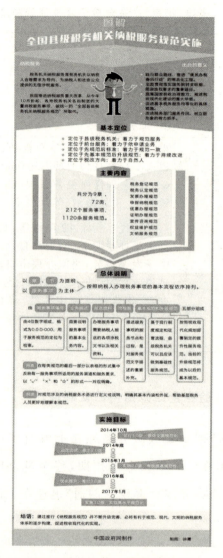

图 7-2　《全国县级税务机关纳税服务规范》主要内容①

---

①　参见徐菁:《图解:全国县级税务机关纳税服务规范实施》,载中央政府网站,http://www.gov.cn/xinwen/2014-10/23/content_2769728.htm,2017 年 6 月 1 日访问。

推广，广大纳税人通过"网上办税服务厅"享受办税便利，网络办税在全市纳税人中的使用率大幅提高，这一全新的税收管理理念和办税模式变革逐渐得到广大纳税人的认同。

从政策的制定者来看，国家税务总局经过对试点一年情况的评估，认为上海自贸区的试点效果显著，受到纳税人和社会各方面的肯定和支持。为积极探索创新服务管理模式，全面推进税收现代化建设，2014年11月，国家税务总局决定分步骤、分层次逐步向全国税务系统复制推广上海自贸区的创新税收服务措施。① 该方案指出，经过审慎评估，上海自贸区税务机关试行的"办税一网通"十项创新服务措施已经全部纳入《全国县级税务机关纳税服务规范》（参见图7-2）。同时，该方案对于这些税收创新服务措施进行了详细的业务描述，明确了复制推广的具体条件（参见表7-2）。

根据这一复制推广方案的要求，全国各级税务机关应当按照"积极稳妥、风险可控、分步推广、逐步完善"的原则，积极稳妥复制推广各项措施。从复制推广的具体路径来看，主要是三类：一是"点到点"方式，将这些创新税收服务措施在具备与上海自贸区相类似条件的特定区域复制推广，主要包括已经建立的和即将建立的自贸区；② 二

---

① 参见《国家税务总局关于印发〈中国（上海）自由贸易试验区创新税收服务措施逐步复制推广方案〉的通知》（税总函[2014]545号）。

② 目前，全国各地申报自贸区的热情明显高涨，第三批自贸区的名单竞逐十分激烈。2016年年初，全国共有21个省、直辖市和自治区在政府工作报告中提出申建自贸区。参见张博：《第三批自贸区花落谁家 多地争抢结果"扑朔迷离"》，载凤凰网，http://finance.ifeng.com/a/20160608/14473695_0.shtml，2017年5月18日访问。

是"点到线"方式,将这些创新税收服务措施在上海全市范围内逐步推广;三是"点到面"方式,在全国范围内分步、逐项推广这些创新税收服务措施。

2015年1月29日,国务院发布《关于推广中国(上海)自由贸易试验区可复制改革试点经验的通知》(国发〔2014〕65号),对上海自贸区可复制改革试点经验在全国范围内的推广工作进行了全面部署。其中,涉及税务机关的改革事项和时间要求具体参见表7-3。按照该文件要求,各地政府应当因地制宜,将推广相关体制机制改革措施列为本地区重点工作,建立健全领导机制,积极创造条件、扎实推进,确保改革试点经验生根落地,产生实效。同时,包括税务总局在内的国务院有关部门要按照规定时限完成改革试点经验推广的工作。

表7-2 上海自贸区税收创新服务措施复制推广与条件

措施	可复制推广条件
网上自动赋码	纳税人设立登记须纳入工商、质监并联审批流程,并与税务登记信息系统实现对接;在税务网站建立税务登记自动赋码查询平台
电子发票网上应用	纳税人具有电子商务平台,企业开票端符合税务部门电子发票开票系统对接要求
网上自主办税	地区建立网上办税平台,符合网上安全规范,实现网上受理出件
网上区域通办	地区具有规范统一的办税服务标准,服务受理点的各办税信息系统能统一、兼容、共享
网上直接认定	地区可按照改革调整后的制度规定开展网上直接认定

（续表）

措施	可复制推广条件
非居民税收网上管理	地区应建立网上办税平台和网上非贸管理系统，实现非贸的全流程网上办理，并与国家金库协调联动
网上按季申报	本项目仅适用于《财政部 国家税务总局关于在上海市开展交通运输业和部分现代服务业营业税改征增值税试点的通知》（财税〔2011〕111号）规定的纳税人
网上审批备案	地区应公布审批和备案事项清单，建立网上办税受理平台并符合网上安全规范
纳税信用网上评价	应建立专门的纳税信用管理系统；纳税信用级别信息可在网上公开查询
创新网上服务	地区应建立网上办税服务厅、网站、微博、微信、移动办税设备、服务热线、短信平台、税企邮箱等网络服务平台，畅通税务部门与纳税人的沟通渠道

表7-3 税务机关负责复制推广的改革事项任务分工表①

序号	改革事项	负责部门	推广范围	时限
1	涉税事项网上审批备案	税务总局	全国	2015年6月30日前
2	税务登记号码网上自动赋码			
3	网上自主办税			
4	纳税信用管理的网上信用评级			

---

① 此表为该通知中涉及税务机关的部门内容，详情参见《国务院有关部门负责复制推广的改革事项任务分工表》，载中央政府官方网站，http://www.gov.cn/zhengce/content/2015-01/29/content_9437.htm，2017年7月28日访问。

第二节 《税收征管法》对其理念的确认与完善

在整部法律中,立法理念是统领全篇的价值取向,反映出立法者对法律基本价值的认知,并牵引着具体法律制度体系的规范构建。在《税收征管法》的修订过程中,"就如何修改《税收征管法》,法学界、实务界提出了不少建议,但我们认为,无论对《税收征管法》作何修改,最为重要的是该法的修改完善应当遵循的理念。惟此,才能准确把握《税收征管法》的本质"①。

一、《税收征管法》立法理念的修改情况

现行《税收征管法》是 1992 年制定的,实施至今已经 20 多年了,期间虽然 1995 年、2001 年、2013 年都有过修订,但这些都是小幅度的修改。这期间,随着经济社会的发展、现代科技的进步以及纳税人意识的提高,税收征管环境和税收管理理念发生了深刻变化,《税收征管法》已经日渐不符实践的需求。从 2015 年国务院法制办公布的《税收征收管理法修订草案(征求意见稿)》(以下简称《征求意见稿》)来看,此次修订属于"大改"。这次《税收征管法》的修订,也十分重视立法理念的修改。就目前的《征求意见稿》而言,修改的情况参见表 7-4:

---

① 华国庆:《我国〈税收征管法〉应当遵循的理念及其定位》,载《税务研究》2009 年第 3 期。

表 7-4 《税收征管法》立法理念的修改情况

修改前 （阴影部分为删去内容）	修改后 （黑体字部分为修改内容）
第一章　总则	第一章　总则
第一条　为了 ~~加强税收征收管理，规范税收征收和缴纳行为，~~ 保障国家税收收入，保护纳税人合法权益，促进经济和社会发展，制定本法。	第一条　为了规范税收征收和缴纳行为，加强税收征收管理，保障国家税收收入，保护纳税人合法权益，**推进税收治理现代化**，促进经济和社会发展，根据宪法制定本法。 第六条　税务机关应当遵循公平、公正、便捷、效率原则，按照法定程序实施税收征收管理，不得违反税收法律、行政法规规定或者超越授权范围设立纳税人、扣缴义务人以及其他当事人的税收征收管理程序性义务，侵害其合法权益。 税务机关不得擅自改变已经生效的行政决定。
	第九条　国家建立、健全税收诚信体系，褒扬诚信，惩戒失信，促进税法遵从。

二、立法理念的具体评析

从上述对比中可以看出，本次《税收征管法》的修订根据十八届三中全会从推进国家治理体系和治理能力现代化的高度提出了"深化税收制度改革"的新要求，涉及以下方面的理念突破：

一是明确了《税收征管法》的立法目的和调整对象主要是规范税收征收和缴纳行为，而不是加强税收征收管理。有学者指出："将'规范税收征缴行为'挪到'加强税收征收管理'之前，这种细微的变化看似无实际意义,却体现着本次修订理念的第一个变化,即强化现代税收征管法的法律性行为约束功能,淡化传统税收征管法的政治性税收征管功能。"[1]因此,这一修改突破了《税收征管法》管理本位的传统,是对立法功能的理性回归。

二是《税收征管法》明确规定了税收稽征便宜主义的税法理念,明确要求税务机关应当遵循公平、公正、便捷、效率原则,按照法定程序实施税收征收管理。落实税收法定主义原则要求税务机关摆脱按"任务"征税、依文件征税的倾向。《税收征管法》在立法中明确征税原则,这对于今后提高税务机关的税收征管率大有裨益。

三是《税收征管法》增加了纳税诚信原则。一方面,《税收征管法》明确提出建立、健全税收诚信体系,褒扬诚信,惩戒失信,促进税法遵从。另一方面,《税收征管法(草案)》第6条第2款规定,税务机关不得擅自改变已经生效的行政决定。这有利于保护纳税人的信赖利益,在预先裁定、预约定价等具体制度中明确纳税人的预期利益,减少对纳税人市场选择、企业经营的不当干预。

三、立法理念的进一步完善

"《税收征收管理法》的修订目标是构建现代税收征纳制度,推动征纳双方从不平等的、单向的、对抗的管理关系转型为平等的、互动的、合作的治理关系。"[2]从修改前后的对比来看,笔者认为《税收

---

[1] 黎江虹、黄家强:《中国税收征管法修订新动向:理念跃迁、制度创新与技术革命》,载《广西大学学报(哲学社会科学版)》2016年第1期。

[2] 刘剑文、陈立诚:《迈向税收治理现代化——〈税收征收管理法修订草案(征求意见稿)〉之评议》,载《中共中央党校学报》2015年第2期。

征管的》的修订还远远不够,需要进一步完善。

首先,《税收征管法》应当进一步明确纳税人中心主义立法理念。不同的立法理念在《税收征管法》修订时有不同的体现,实现立法目标需要我们重申纳税人中心主义(参见表7-5)。其一,就法律名称而言,现有的称谓仍然带有浓重的计划经济色彩,税务机关长期以管理者的身份自居,缺乏应有的"为纳税人服务"意识。为了突显征纳双方地位的平等性,立法名称应当去掉"管理"二字,甚至建议径直改为"税收征收服务法",以体现征收与服务并重。其二,在税收征管过程中引入合作式执法的理念,在执法中提高纳税人的主体地位和参与意识。纳税人在税收征管过程中不是一味地被动接受,征纳双方也不再是"猫和老鼠"的关系,而是"脑和四肢"的协同互动状态。我们需要改变以往对抗式执法的方式,在税收合作信赖主义的基础上,平等对待纳税人,积极与纳税人进行沟通、协商和合作。具体到立法层面而言,《税收征管法》应当重视纳税人的意思表示,就税务行政和解的条件、标的等内容进行详细规定。

表7-5 不同立法理念下《税收征管法》的特点

立法理念	国库中心主义	纳税人中心主义
主要目的	满足国家税收收入为保障	保护纳税人利益为主
关系类型	管理与被管理,隶属型	服务者与顾客,平等型
关系特点	警察与小偷,防范博弈	信任与合作,充分对话
规范内容	以威慑性的规定为主	以授权性的规定为主

其次,《税收征管法》应当明确规定诚实推定原则。《税收征管

法(草案)》第 36 条第 2 款规定,纳税人、扣缴义务人对纳税申报、扣缴税款申报的真实性和合法性承担责任。这一规定将纳税申报的证明责任集中推向了纳税人身上,笔者认为这实际上不符合诚实推定原则,实践中容易导致税务机关以此为理由,滥用税收征管权力,对此必须保障纳税人诚实推定的权利,从实体上和程序上对纳税人的举证责任加以严格限制。

最后,《税收征管法》应当引入合作式执法的理念,在执法中提高纳税人的主体地位和参与意识。传统上,我国的税收理念与西方呈现出极大的差异(参见表 7-6),但是越来越多的学者倾向于认为,纳税人在税收征管过程中不再是一味地被动接受,税收征纳双方不是"猫和老鼠"的关系,而是处于"脑和四肢"的协同互动状态。我们需要改变以往对抗式执法的方式,在税收合作信赖主义的基础上,平等对待纳税人,积极与纳税人进行沟通、协商和合作。例如,近年来我国的税务机关积极推行说理式税收执法,在稽查执法文书的标题和行文上进行语言的中性化创新:在原文书的标题中删除"追缴税款"和"偷税"等定性的字眼,将查处对象统一改为当事人,将原文书对事实的表述由"违法事实"统称"差错事实"。这些做法都较好地体现了合作式执法的理念,避免了征纳双方的矛盾对立情绪和执法理念上的错误认识,从而也实现了税收征管的法律效果与社会效果的统一。①

---

① 参见李慈强:《纳税人教育:税收征管法治建设的新议题》,载《江汉论坛》2016 年第 7 期。

表 7-6 中西税收理念的差异①

中西理念	税收理念	征纳关系	守法意识	纳税心理	纳税人权利
中国	强调税收的强制性、无偿性	征方高高在上，忽视纳税人权益	重视人情、关系，甚至认为法律在乎于人情	"不敢最先，唯恐最后"，被动纳税	没有投票权，无权通过投票任免政府官员
西方	强调税收是公民与政府之间的一种等价交换	征纳双方平等，政府必须为纳税人服务	重视人权、物权，认为知法守法是天经地义的事	"只有死亡与纳税不可避免"，主动纳税	有投票权，有权通过投票罢免政府官员

第三节 《税收征管法》对具体制度的立法确认

新中国成立以来，我国的税收征管制度不断探索与改革，从最初建立到初步完善至今先后经历了不同的发展阶段，不同的税收征管模式也相应地呈现出各自的演进脉络与特征（参见表 7-7）。如何梳理这些改革经验的得失，结合现阶段社会发展的具体实践，尤其是结合国家职能发展的需要和国家治理模式的转变，成为我们今后进行税收征管制度改革需要认真对待的历史任务。

---

① 参见周敏、彭骥鸣：《税务行政管理学》，社会科学文献出版社 2005 年版，第 315 页。

表 7-7　新中国成立以来税收征管模式的发展及特征①

时段	模式	主要特征	基本内容	缺陷和不足
1950—1987年	专管员模式	所有征、管、查业务都高度集中于专管员身上	一员进户，各税统管，征、管、查合一	征管效率低；缺乏监督机制；征纳双方权责不清
1988—1993年	三分离或两分离模式	按照征管业务职能进行分工，实行专业化管理	实行征、管、查三分离或征管与检查两分离	征纳双方权责不明确；改革仅限于征管方式和税务内部分工的调整
1994—1996年	三位一体模式	实行申报、代理、稽查三位一体	建立普遍的纳税申报；推行税务代理；建立较为严格的税务稽查制度	改革目标与思路不明确；申报、代理、稽查之间的关系不够明确；权限划分存在问题
1997—2002年	新模式	以纳税申报和优化服务为基础，以计算机网络为依托，集中征收，重点稽查	纳税人自行申报纳税；税务机关与中介相结合的服务体系；以计算机为依托的管理监控体系；人机结合的稽查体系；按征管功能设置机构划分的组织体系	弱化了税务机关和税务工作人员的管理职能；弱化了法治化的管理；增加了税收征管的难度

---

① 参见王鸿貌、贾英姿：《国家治理视角下的中国税收征管改革研究》，载《财经问题研究》2016年第1期。

(续表)

时段	模式	主要特征	基本内容	缺陷和不足
2003年至今	修正的新模式	以纳税申报和优化服务为基础,以计算机网络为依托,集中征收,重点稽查,强化管理	增加"强化管理"的内容,强调管理的"科学化和精细化";建立税收管理员制度;全面实施纳税评估,强化税源管理;深化纳税服务,提高纳税人遵从度;完善与信息化管理相协调的管理组织	征纳双方权利义务及其保障不够明确;税收专业化管理地位不够突出;信息化管理技术与水平需要加强;纳税人自主申报需要强化

"改革对于法治的重要意义在于提供可借鉴的实践经验,同时也需要对此进行立法确认,从而实现改革与法治的积极互动与良性发展。"①笔者认为,除了上述复制推广的渠道外,对于上海自贸区而言,最有效的途径是将这些成功的经验上升为立法,通过法治的途径确认税收征管改革实践的成果,以此指导、引领税收执法,进而"做好可复制、可推广经验总结推广,更好地发挥示范引领、服务全国的积极作用"。

就财税法领域而言,此次上海自贸区建设主要集中在税收程序法领域,这也为正在紧锣密鼓修改的《税收征管法》提供了实践经验。

如前所述,上海自贸区在监管方式等方面进行了制度创新。就

---

① 陈金钊:《法治与改革的关系及改革顶层设计》,载《法学》2014年第8期。

具体制度而言,笔者认为《税收征管法》应当积极吸纳上海自贸区的创新成果,在修订时对以下内容进行完善:[①]

一、规范涉税审批制度

涉税审批制度包括税务登记、税收优惠、税务注销等环节,从目前的情况来看,实践中税务机关将这些作为保障税收顺利实现的关卡弊端重重。为了预防治理腐败、推进依法行政,涉税审批制度的定位应当从严格把控市场的进入退出为主转向以完善事中事后监管为主,实行统一的市场准入制度和健全优胜劣汰市场化退出机制,力图"使市场在资源配置中起决定性作用和更好发挥政府作用"。

具体而言,一是建立税务机关的权力清单制度。负面清单制度是上海自贸区的重要创新之一,但是从国家税务总局发布的公告来看,目前我们对于权力清单认识仍然存在偏差,没有理清审批和备案以及许可之间的界限。[②] 如何处理好"权限法定"与"实践需要"的紧张关系,是今后改革的重点。

[①] 2015年9月10日,国家税务总局发布《关于落实"三证合一"登记制度改革的通知》,明确规定2015年10月1日起,"三证合一、一照一码"登记制度改革将在全国推行。按照这一要求,新设立的企业只有一个主体识别号码,领取工商部门核发的营业执照后,无需再进行税务登记,也不用领取税务登记证。企业办理涉税事宜时,在完成补充信息采集后,凭加载统一代码的营业执照可代替税务登记证使用。税务登记制度在《税收征管法》中何去何从,是个值得探讨、颇费思量的理论问题,限于篇幅和精力,笔者在此不展开论述。

[②] 罗亚苍:《行政审批权力清单制度评析及完善——以国家税务总局2014年第10号公告为分析模板》,载《中国行政管理》2014年第8期。

二是简化审批流程,推进涉税审批标准化管理。在贯彻行政审批改革应统一遵循"合法""合理""效能""责任""监督"原则的基础上,全面梳理涉税审批项目,明确审批流程、审核重点、工作节点、表证单书等具体要求,确保审批标准形式规范、内容全面、条件明确和统一适用;归并简化现有的管理环节、管理程序,建立以简约、高效、便民为导向的业务流程。

三是完善日常的税务检查与税务稽查,规范事中事后监管。实践中税务机关的税收检查权和税务稽查权呈现出一种交叉重叠的关系,如何科学合理地划分二者的职权范围对于强化管理责任、优化管理手段十分重要。对于税务检查而言,既应保证必要的检查覆盖面和工作力度,又要防止检查过多和执法扰民。同时,为了提高执法针对性、加强监管有效性,税务稽查应当根据税源分布结构、稽查资源配置等实际情况对不同类型的纳税人分别采取适当的随机抽查方法,在合理适度的比例和频次范围内充分发挥税务稽查职能作用,打击税收违法活动,整顿规范税收秩序。

二、完善纳税信息管理

涉税信息是大数据时代税务机关提高征管能力的关键,但是对于这些涉税信息的处理,理论上及立法实践中存在争议。从现有的条文来看,《税收征管法(草案)》新增的第四章"信息披露"这部分内容对于这一规定过于粗糙(参见表 7-8)。

表7-8 《税收征管法(草案)》第四章"信息披露"的具体内容

第四章　信息披露	
第三十条	纳税人及与纳税相关的第三方应当按照规定提交涉税信息
第三十一条	从事生产、经营的单位和个人在其经济活动过程中,一个纳税年度内向其他单位和个人给付五千元以上的,应当向税务机关提供给付的数额以及收入方的名称、纳税人识别号。单次给付现金达到五万元以上的,应当于五日内向税务机关提供给付的数额以及收入方的名称、纳税人识别号
第三十二条	银行和其他金融机构应当按照规定的内容、格式、时限等要求向税务机关提供本单位掌握的账户持有人的账户、账号、投资收益以及账户的利息总额、期末余额等信息。对账户持有人单笔资金往来达到五万元或者一日内提取现金五万元以上的,银行和其他金融机构应当按照规定向税务机关提交相关信息。税务机关从银行和其他金融机构获取的纳税人信息只能用于税收目的,不得向第三方披露
第三十三条	网络交易平台应当向税务机关提供电子商务交易者的登记注册信息
第三十四条	税务机关依法实施特别纳税调整的,可以要求纳税人或者其税务代理人提交税收安排
第三十五条	政府有关部门和机构应当向财政、税务机关提供本单位掌握的市场主体资格、人口身份、专业资质、收入、财产、支出等与征税有关的信息,具体办法由国务院另行规定

具体而言,一是在多次修订过程中,立法机关频繁使用"信息管理""信息披露""信息报告""信息协助"等字眼,显示出立法对涉税信息举棋不定的态度。在信息不对称的背景下,涉税信息的收集、整理、共享固然重要,但是需要明确税务机关的权利与义务,加强涉税信息的隐私权保护,详细规定涉税信息提供的主体、内容、时限和法律责任,在保障国家税收与保护纳税人隐私之间实现平衡。

二是提高税务机关的大数据应用能力,运用"互联网+"手段创新监管方式。借鉴国际先进的税收征管经验,引入风险管理理念,利用大数据进行比对分析、科学监测,对纳税人的涉税风险进行识别、衡量和分析,并有针对性地对企业进行纳税辅导和危机处置,以可数据化的"管事模式"取代传统经验型的"管户模式"。

三、建立综合监管制度

理论上,市场监管的根本目标和基本任务是控制市场风险,保障市场安全,通过监管抵御、防范和降低风险的危害,维护市场稳定、健康、高效运行。① 但是,目前我国税务机关对纳税人的监管能力还较弱,需要在协调监管的理念下进一步提高市场监管的全面性、有效性。针对现有市场监管的不足,有必要"推进法制化保障、一体化监管、社会化共治、协同化执法、信用化机制"建设,建立健全"综合监管、集中执法、专业辅助、社会共治"的市场监管体制②。

具体而言,一是建立健全纳税人识别号制度,针对纳税人尤其是自然人的涉税行为实行全方位的监督、管理。《税收征管法(草案)》第 22 条规定:纳税人签订合同、协议,缴纳社会保险费,不动产登记以及办理其他涉税事项时,应当使用纳税人识别号。在具体的操作上,应当确保纳税人识别号的统一性、唯一性和权威性,促进税务部门通过纳税人识别号进行有效的税务管理,实现社会生活的全面覆盖。

---

① 参见吴弘、胡伟:《市场监管法论:市场监管法的基础理论与基本制度》,北京大学出版社 2006 年版,第 6 页。
② 上海市工商局办公室课题组:《上海推进市场综合监管体制改革的调研报告》,载《中国工商管理研究》2015 年第 5 期。

二是完善纳税奖惩评价机制,推进社会信用体系建设。纳税信用是纳税人社会信用的核心内容,税务机关通过规范纳税信用的管理和评价,保证纳税信用评价结果的统一性、权威性和法定性,推动纳税信用与其他社会信用联动管理,从而提高纳税人依法诚信纳税意识和税法遵从度。

三是鼓励市场主体和广大民众参与市场监管,增加监管力量,探索事中事后监管的综合监管模式,建立以信用监管为核心的新型监管制度。在政府、市场与社会三位一体的有效监管理念下,政府无需在准入前对市场主体进行价值判断,而是需要督促市场主体持续地、动态地披露真实信息,为行业自律、社会监督、行政监管、公众参与的综合监管体系奠定基础,实现全面的、动态的市场监管。

结　　语

　　我国的税收现代化应当是适应我国经济社会发展需要、匹配国家治理现代化要求，以先进的管理制度、信息技术、组织文化和高素质人力资源等要素为支持，代表和引领国际税收发展趋势目标的税收治理过程和状态。税收现代化是一项长期复杂的工程，涉及面广，改革难度大。[①]

——张林海

　　在新的历史背景下，建设上海自贸区是国家深化改革扩大开放的一项重大战略，自贸区探索试验的核心在于以改革与开放的协同创新构建与经济全球化最新发展趋势相兼容的开放型经济体制，从而以发展的新超越实现经济强国的发展目标。[②] 对于上海自贸区的功能定位，有学者指出："它除了自贸区本身固有的对外开放、自由

---

① 张林海:《税收现代化建设将是一场"持久战"》，载《中国经济周刊》2015年第26期。

② 参见张幼文:《自贸区试验与开放型经济体制建设》，载《学术月刊》2014年第1期。

贸易功能外,还在特殊时点下被赋予了制度创新和改革尖兵的重任。"[①]自挂牌建设以来,上海自贸区汲取了改革开放的历史经验,坚持在法治的规范、指引下进行制度创新,在税务登记、纳税信息管理、市场综合监管等方面取得了可喜成绩,这些有益的探索为《税收征管法》的修订完善提供了宝贵的实践经验。

从战略高度、政策意义和影响范围来看,上海自贸区掀起的新一轮改革开放已不仅是改革,更多的是体制性的制度转型和变迁,是强调从人口红利、政策红利走向制度红利。上海自贸区需要在"积极"和"慎重"之间进行大胆而稳健的改革,完成从"法律试验"到"制度转型"的变迁。[②] 在全面深化改革的背景下,如何处理改革与立法的关系,将是今后自贸区建设和《税收征管法》修订必须面临的问题。一方面,自贸区扩围后,各个自贸区应当以此为契机积极锐意改革创新,为各类市场主体营造国际化、法治化、低交易成本的税收法制环境。另一方面,立法是各方利益主体博弈的结果,《税收征管法》的修订也需要直面上海自贸区的改革成果,对于成功经验进行立法确认。唯有如此,才能对传统的税收征管模式、纳税服务进行改革,促进税务机关与纳税人的和谐相处,为市场主体搭建便捷、优质、高效的纳税服务,最终实现税收征管现代化。

---

① 刘剑文:《法治财税视野下的上海自贸区改革之展开》,载《法学论坛》2014年第3期。

② 杨力:《中国改革深水区的法律试验新难题和基本思路》,载《政治论丛》2014年第1期。

参考文献

一、著作类

1. Andreas Haufler. Taxation in a Global Economy. Cambridge University Press，2001.

2. Camilla E. Watson. Tax Procedure and Tax Fraud in a Nutshell. Thomson & West，2006.

3.〔澳〕杰佛瑞·布伦南、〔美〕詹姆斯·M. 布坎南:《宪政经济学》,冯克利等译,中国社会科学出版社 2004 年版。

4.〔德〕卡尔·恩吉施:《法律思维导论》,郑永流译,法律出版社 2004 年版。

5.〔德〕柯武刚、史漫飞:《制度经济学社会秩序与公共政策》,韩朝华译,商务印书馆 2000 年版。

6.〔美〕R. M. 昂格尔:《现代社会中的法律》,吴玉章、周汉华译,译林出版社 2008 年版。

7.〔美〕B. 盖伊·彼得斯:《税收政治学:一种比较的视角》,江苏人民出版社 2008 年版。

8.〔美〕V. 图若尼:《税法的起草与设计》(第一、二卷),国家税务总局政策法规司译,中国税务出版社 2004 年版。

9.〔美〕埃尔斯特、斯莱格斯塔德:《宪政与民主——理性与社会变迁研究》,三联书店 1997 年版。

10. 〔美〕查尔斯·亚当斯:《善与恶——税收在文明进程中的影响》,翟继光译,中国政法大学出版社 2013 年版。

11. 〔美〕克里斯·爱德华兹、丹尼尔·米切尔:《全球税收革命——税收竞争的兴起及其反对者》,黄凯平、李得源译,中国发展出版社 2015 年版。

12. 〔美〕理查德·A.马斯格雷夫:《比较财政分析》,董勤发译,上海三联书店 1996 年版。

13. 〔美〕理查德·L.多恩伯格:《国际税法概要》,马康明等译,中国社会科学出版社 1999 年版。

14. 〔美〕理查德·A.马斯格雷夫、艾伦·T.麦考克:《财政理论史上的经典文献》,刘守刚、王晓丹译,上海财经大学出版社 2015 年版。

15. 〔美〕鲁文·S.阿维—约纳:《国际法视角下的跨国征税——国际税收体系分析》,熊伟译,法律出版社 2008 年版。

16. 〔美〕罗伊·罗哈吉:《国际税收基础》,林海宁、范文祥译,北京大学出版社 2006 年版。

17. 〔美〕史蒂芬·霍尔姆斯、凯斯·R.桑斯坦:《权利的成本——为什么自由依赖于税》,毕竞悦译,北京大学出版社 2004 年版。

18. 〔美〕维克多·瑟仁伊:《比较税法》,丁一译,北京大学出版社 2006 年版。

19. 〔美〕维托·坦茨:《政府与市场——变革中的政府职能》,商务印书馆 2014 年版;。

20. 〔日〕北野弘久:《税法学原论》,陈刚等译,中国检察出版社 2001 年版。

21. 〔日〕金子宏:《日本税法》,战宪斌、郑林根译,法律出版社 2004 年版。

22. 〔日〕金子宏:《日本税法原理》,刘多田等译,中国财政经济出版社 1989 年版。

23. 〔英〕弗里德利希·冯·哈耶克:《法律、立法与自由》,邓正来等译,中国大百科全书出版社 2000 年版。

24.〔英〕卡罗尔·哈洛、理查德·罗林斯:《法律与行政》(上、下卷),商务印书馆 2004 年版。

25.《外国税收征管法律译本》编写组译:《外国税收征管法律译本》,中国税务出版社 2012 年版。

26.陈清秀:《税法总论》,元照出版公司 2007 年版。

27.陈清秀:《现代税法原理与国际税法》,元照出版公司 2010 年版。

28.陈瑞华:《程序正义理论》,中国法制出版社 2010 年版。

29.陈少英:《东方财税法研究(第 4 卷)》,法律出版社 2015 年版。

30.陈少英:《税法基本理论专题研究》,北京大学出版社 2009 年版。

31.邓力平、陈涛:《国际税收竞争研究》,中国财政经济出版社 2004 年版。

32.葛克昌:《行政程序与纳税人基本权》,北京大学出版社 2005 年版。

33.葛克昌:《税法基本问题(财政宪法篇)》,北京大学出版社 2004 年版。

34.黄俊杰:《税捐正义》,北京大学出版社 2004 年版。

35.黄茂荣:《法学方法与现代税法》,北京大学出版社 2011 年版。

36.姜孟亚:《我国地方税权的确立及其运行机制研究》,中国人民大学出版社 2013 年版。

37.李艳丽:《中国自由贸易区战略的政治经济研究》,中国经济出版社 2012 年版。

38.刘剑文、熊伟:《税法基础理论》,北京大学出版社 2004 年版。

39.刘剑文:《走向财税法治:信念与追求》,法律出版社 2009 年版。

40.刘晓红、贺小勇:《中国(上海)自由贸易试验区法治建设蓝皮书》,北京大学出版社 2016 年版。

41.马寅初:《财政学与中国财政:理论与现实》,商务印书馆 2001 年版。

42.孟庆启:《中国税务管理现代化概论》,中国税务出版社 2005 年版。

43.施正文:《税收程序法——监控征税权运行的法理与立法研究》,北京大学出版社 2003 年版。

44. 王鸿貌：《税法学的立场与理论》，中国税务出版社 2008 年版。

45. 肖林：《国家试验：中国（上海）自由贸易试验区制度设计》，上海人民出版社、格致出版社 2015 年版。

46. 熊伟：《美国联邦税收程序》，北京大学出版社 2006 年版。

47. 徐孟洲：《财税法律制度改革与完善》，法律出版社 2009 年版。

48. 闫海：《税收征收管理的法理与制度》，法律出版社 2011 年版。

49. 翟继光：《美国联邦最高法院经典税法案例评析》，立信会计出版社 2009 年版。

50. 张守文：《财税法疏议》，北京大学出版社 2005 年版。

51. 张怡：《衡平税法研究》，中国人民大学出版社 2012 年版。

二、报纸期刊类

1. Adrian Sawyer. The OECDs Tax Information Exchange Agreements：An Example of (In) effective Global Governance?. Journal of Applied Law and Policy，2011(1).

2. Brautigam, Deborah, Odd-Helge Fjeldstad and Mick Moore. Taxation and State-building in Developing Countries, Capacity and Consent. Cambridge University Press，2008.

3. Sungjoon Cho and Claire R. Kelly. Promises and Perils of New Global Governance：A Case of the G20. Chicago Journal of International Law，2012(12).

4. Susan Tiefenbrun. U. S. Foreign Trade Zones，Tax-Free Trade Zones of The World, and Their Impact on The U. S. Economy. Journal of International Business and Law，Spring，2013.

5. Tax Administration in OECD and Selected Non-OECD Countries：ComparativeInformation Series 2008. http://www.oecd.org/ctp/admini-stration/CIS-2008.pdf.

6. William G. Kanellis. Reining in the Foreign Trade Zones Board: Making Foreign Trade Zone Decisions Reflect the Legislative Intent of the Foreign Trade Zones Act of 1934. TheJournal of International Business & Law, winter, 2012.

7. 曾志兰:《对外开放与我国行政管理理念的创新》,载《亚太经济》2006年第1期。

8. 陈金钊:《法治与改革的关系及改革顶层设计》,载《法学》2014年第8期。

9. 陈利强、屠新泉:《中国涉外经贸法治建构论——以中国入世与上海自贸区为视角》,载《国际贸易问题》2015年第3期。

10. 陈隆:《国家治理体系和能力现代化框架下税收征管"新常态"的构建》,载《税收经济研究》2015年第2期。

11. 陈瑞华:《程序正义的理论基础——评马修的"尊严价值理论"》,载《中国法学》2000年第3期。

12. 陈少英、吕铖钢:《投资便利化税收法律制度研究——以中国(上海)自由贸易试验区为背景》,载《晋阳学刊》2015年第3期。

13. 陈少英、吕铖钢:《中国(上海)自由贸易试验区税收法律制度的建设与创新》,载《上海商学院学报》2013年第6期。

14. 陈少英:《税收诚信原则与税收征管制度的创新——以中国(上海)自由贸易试验区为视角》,载《辽宁大学学报(哲学社会科学版)》2016年第3期。

15. 崔晓静:《国际税收透明度同行评议及中国的应对》,载《法学研究》2012年第4期。

16. 崔晓静:《全球税收治理中的软法治理》,载《中外法学》2015年第5期。

17. 单飞跃、王霞:《纳税人税权研究》,载《中国法学》2004年第4期。

18. 邓力平:《落实税收法定原则与坚持依法治税的中国道路》,载《东南学术》2015年第5期。

19. 丁伟:《〈中国(上海)自由贸易试验区条例〉立法透析》,载《政法论坛》2015年第1期。

20. 丁伟：《以法治方式促进自贸试验区先行先试》，载《上海人大》2013年第10期。

21. 丁伟：《中国（上海）自由贸易试验区法制保障的探索与实践》，载《法学》2013年第11期。

22. 丁一：《国外税收征管的最新趋势》，载《税务研究》2008年第2期。

23. 傅蔚冈、蒋红珍：《上海自贸区设立与变法模式思考》，载《东方法学》2014年第1期。

24. 贺小勇：《上海自贸试验区法治建设评估与展望》，载《人民法治》2016年第12期。

25. 江小涓：《中国开放三十年的回顾与展望》，载《中国社会科学》2008年第6期。

26. 蒋建湘、李沫：《治理理念下的柔性监管论》，载《法学》2013年第10期。

27. 蒋悟真：《市场监管法治的法哲学省察》，载《法学》2013年第10期。

28. 李慈强：《纳税人教育：税收征管法治建设的新议题》，载《江汉论坛》2016年第7期。

29. 李慈强：《税收征纳关系的改革和完善》，载《沈阳师范大学学报》2013年第2期。

30. 李鲁、张学良：《上海自贸试验区制度推广的"梯度对接"战略探讨》，载《外国经济与管理》2015年第2期。

31. 李炜光：《财政何以为国家治理的基础和支柱》，载《法学评论》2014年第2期。

32. 林毅夫：《"一带一路"与自贸区：我国改革开放的新举措》，载《新经济》2016第34期。

33. 刘辉群：《中国保税区向自由贸易区转型的研究》，载《中国软科学》2005年第5期。

34. 刘剑文、陈立诚：《迈向税收治理现代化——〈税收征收管理法修订草案

(征求意见稿)〉之评议》,载《中共中央党校学报》2015 年第 2 期。

35. 刘剑文、李刚:《税收法律关系新论》,载《法学研究》1999 年第 4 期。

36. 刘剑文、魏建国、翟继光:《中国自由贸易区建设的法律保障制度》,载刘剑文:《财税法论丛》(第 3 卷),法律出版社 2004 年版。

37. 刘剑文:《〈税收征收管理法〉修改的几个基本问题——以纳税人权利保护为中心》,载《法学》2015 年第 6 期。

38. 刘剑文:《财税法功能的定位及其当代变迁》,载《中国法学》2015 年第 4 期。

39. 刘剑文:《法治财税视野下的上海自贸区改革之展开》,载《法学论坛》2014 年第 3 期。

40. 刘剑文:《理财治国视阈下财税改革的法治路径》,载《现代法学》2015 年第 3 期。

41. 刘剑文:《落实税收法定原则的现实路径》,载《政法论坛》2015 年第 3 期。

42. 刘隆亨:《论依法治税的目标、理论和途径》,载《中国法学》2002 年第 1 期。

43. 刘奇超:《我国新一轮税收征管改革的制约、重点与实现路径——以国外税收征管发展新趋势为借鉴》,载《经济体制改革》2015 年第 1 期。

44. 刘奇超:《我国新一轮税收征管改革的制约、重点与实现路径——以国外税收征管发展新趋势为借鉴》,载《经济体制改革》2015 年第 1 期。

45. 刘永伟:《税收优惠违背国民待遇原则悖论》,载《现代法学》2006 年第 2 期。

46. 楼继伟:《深化财税体制改革 建立现代财政制度》,载《求是》2014 年第 20 期。

47. 邱辉、钱敏:《OECD〈解决税基侵蚀和利润转移〉报告解析》,载《国际税收》2013 年第 4 期。

48. 邵朱励:《税收透明度和情报交换国际标准的建立及中国的应对》,载《税务与经济》2013年第2期。

49. 沈四宝、付荣:《欧盟与北美自由贸易区法律制度之比较分析》,载《宁波大学学报(人文科学版)》2008年第4期。

50. 盛斌:《中国自由贸易试验区的评估与展望》,载《国际贸易》2017年第6期。

51. 施正文、叶莉娜:《发展中国家税基侵蚀和利润转移问题研究》,载《法学杂志》2015年第2期。

52. 施正文:《论〈税收征管法〉修订需要重点解决的立法问题》,载《税务研究》2012年第10期。

53. 施正文:《论程序法治与税收正义》,载《法学家》2004年第5期。

54. 施正文:《税收征纳法律关系的法理解析》,载《当代法学》2004年第2期。

55. 施正文:《需对涉税信息提供的主体、内容、时限和法律责任作详细规定》,载《中国税务报》2013年7月3日。

56. 施正文:《中国税法通则立法的问题与构想》,载《法律科学(西北政法学院学报)》2006年第5期。

57. 孙元欣:《从自贸区到综合改革试验区:我国开放型经济试验区建设的梯度推进》,载《深圳大学学报(人文社会科学版)》2016年第6期。

58. 孙长举:《社会综合治税是实现税收征管现代化的必由之路》,载《淮海文汇》2009年第6期。

59. 唐峻、张怡:《税法理念探析》,载《深圳大学学报(人文社会科学版)》2011年第4期。

60. 腾祥志:《论〈税收征管法〉的修改》,载《清华法学》2016年第3期。

61. 涂龙力、解爱国:《论税收法治的现代化》,载《税务研究》2005年第4期。

62. 王军:《践行五大发展理念 健全现代税收制度》,载《求是》2016年第6期。

63. 王婷婷:《中国自贸区税收优惠的法律限度与改革路径》,载《现代经济探讨》2014 年第 4 期。

64. 王锡锌、傅静:《对正当法律程序需求、学说与革命的一种分析》,载《法商研究(中南政法学院学报)》2001 年第 3 期。

65. 王秀芝:《税收能力提升的必由之路:税收征管现代化建设》,载《中国人民大学学报》2015 年第 6 期。

66. 熊伟:《法治视野下清理规范税收优惠政策研究》,载《中国法学》2014 年第 6 期。

67. 熊伟:《走出宏观调控法误区的财税法学》,载刘剑文主编:《财税法论丛》(第 13 卷),法律出版社 2013 年版。

68. 徐孟洲、叶姗:《地方政府间税收不当竞争的法律规制》,载《政治与法律》2006 年第 6 期。

69. 徐孟洲:《论税法原则及其功能》,载《中国人民大学学报》2000 年第 5 期。

70. 杨力:《中国改革深水区的法律试验新难题和基本思路》,载《政法论丛》2014 年第 1 期。

71. 杨志强:《程序法定是落实税收法定原则的基本前提——兼论〈税收征收管理法〉的修订》,载《中国行政管理》2014 年第 9 期。

72. 叶姗:《税收优惠政策制定权的法律保留》,载《税务研究》2014 年第 3 期。

73. 张富强:《论纳税人诚实纳税推定权立法的完善》,载《学术研究》2011 年第 2 期。

74. 张守文:《"改革决定"与经济法共识》,载《法学评论》2014 年第 2 期。

75. 张守文:《税权的定位与分配》,载《法商研究(中南政法学院学报)》2000 年第 1 期。

76. 张守文:《税制变迁与税收法治现代化》,载《中国社会科学》2015 年第 2 期。

77. 张守文:《我国税收立法的"试点模式"——以增值税立法"试点"为例》,载《法学》2013 年第 4 期。

78. 张怡、孙小东：《程序正义视角下"税源联动"法律规制探讨》，载《河北法学》2012年第2期。

79. 张怡、谭志哲：《我国近30年"依法治税"的理论言说——基于法律话语的分析》，载《西南政法大学学报》2012年第3期。

80. 张泽平：《BEPS行动计划对我国国内税收立法的影响及应对——以打击有害税收实践行动方案为视角》，载《国际税收》2015年第6期。

81. 张泽平：《论国际税收行政合作法律机制的完善》，载《税务研究》2013年第3期。

82. 张泽平：《论国际税务合作法律机制的新发展及我国的对策》，载《南京社会科学》2013年第3期。

83. 周汉民：《我国四大自贸区的共性分析、战略定位和政策建议》，载《国际商务研究》2015年第4期。

84. 周尚君：《地方法治试验的动力机制与制度前景》，载《中国法学》2014年第2期。

85. 朱大旗、胡明：《正当程序理念下税收征管法的修改》，载《中国人民大学学报》2014年第5期。

86. 朱大旗：《论税收法定原则的精神实质及其落实》，载《国际税收》2014年第5期。

87. 朱青：《税收征管体制改革与国际税收合作》，载《国际税收》2016年第2期。

三、法律法规等规范性文件

1. 《全国人民代表大会常务委员会关于授权国务院在中国（上海）自由贸易试验区暂时调整有关法律规定的行政审批的决定》（国发〔2013〕51号）。

2. 《国务院关于在中国（上海）自由贸易试验区内暂时调整有关行政法规和国务院文件规定的行政审批或者准入特别管理措施的决定》（国发〔2013〕51号）。

3.《国务院关于印发中国(上海)自由贸易试验区总体方案的通知》(国发〔2013〕38号)。

4.《国务院关于在中国(上海)自由贸易试验区内暂时调整实施有关行政法规和经国务院批准的部门规章规定的准入特别管理措施的决定》(国发〔2014〕38号)。

5.《国务院关于推广中国(上海)自由贸易试验区可复制改革试点经验的通知》(国发〔2014〕65号)。

6.《国家税务总局关于支持中国(上海)自由贸易试验区创新税收服务的通知》(税总函〔2014〕298号)。

7.《国家税务总局关于印发〈中国(上海)自由贸易试验区创新税收服务措施逐步复制推广方案〉的通知》(税总函〔2014〕545号)。

8.《国务院关于同意建立国务院自由贸易试验区工作部际联席会议制度的批复》(国函〔2015〕18号)。

9.《国务院关于印发进一步深化中国(上海)自由贸易试验区改革开放方案的通知》(国发〔2015〕21号)。

10.《国务院办公厅关于印发自由贸易试验区外商投资准入特别管理措施(负面清单)的通知》(国办发〔2015〕23号)。

11.《国家税务总局关于全面推进依法治税的指导意见》(税总发〔2015〕32号)。

12.《国务院关于"先照后证"改革后加强事中事后监管的意见》(国发〔2015〕62号)。

13.《国家税务总局关于坚持依法治税更好服务经济发展的意见》(税总发〔2015〕63号)。

14.《国家税务总局关于创新自由贸易试验区税收服务措施的通知》(税总函〔2015〕208号)。

15.《全国人民代表大会常务委员会关于授权国务院在中国(广东)自由贸易试验区、中国(天津)自由贸易试验区、中国(福建)自由贸易试验区以及中国(上海)自由贸易试验区扩展区域暂时调整有关法律规定的行政审批的决定》。

16.《国务院办公厅印发国务院部门权力和责任清单编制试点方案》(国办发〔2015〕92号)。

17.《上海市财政局、上海市国家税务局、上海市地方税务局关于完善自贸试验区跨区迁移企业财税分配政策的通知》(沪财预[2015]8号)。

18.《中国(上海)自由贸易试验区监管信息共享管理试行办法》(沪府办发〔2014〕44号)。

19.《中国(上海)自由贸易试验区条例》。

20.《中国(上海)自由贸易试验区管理办法》。

附　　录

关于支持中国(上海)自由贸易试验区
创新税收服务的通知

税总函〔2014〕298号

上海市国家税务局、地方税务局：

　　为了认真落实党中央、国务院部署，深入贯彻党的十八届三中全会《中共中央关于全面深化改革若干重大问题的决定》和国务院印发的《中国(上海)自由贸易试验区总体方案》要求，加快政府职能转变，推进税收现代化建设，切实服务好中国(上海)自由贸易试验区(以下简称自贸试验区)，国家税务总局研究决定，自贸试验区创新税收服务的主题是"税收一网通办、便捷优质高效"(简称"办税一网通")，请你局在自贸试验区内落实好以下十项措施：

　　一、**网上自动赋码**。转变现有税务登记方式，在全国范围内率先试行税务登记网上自动赋码管理。由原先纳税人发起税务登记申请转变为税务机关根据工商、质监提供的企业信息，由系统自动赋予税务登记号码，减轻纳税人往返税务机关申请税务开业登记负担，提速税务登记办理，提高税收现代化服务水平。建立自贸试验区税务登记查询平台,纳税人可以网上自主查询税务登记信息。

二、网上自主办税。在全市"网上办税服务厅"统一推进的基础上,先行先试,拓展和完善网上办税功能,推行网上发票核定管理、发票领用、普通发票验旧、涉税事项证明开具、红字发票通知单、电子申报撤销等项目的网上办理,力争年内常用办税项目的网上应用全覆盖,为纳税人提供"便捷高效、足不出户"的办税服务体验。加强网上跨部门联合受理和信息共享,与科委、工商、质检、银行等部门实行"一口受理、并联审批",联合推进研发费加计扣除、非贸付汇等事项便利化,避免企业多部门间往返奔波。

三、电子发票网上应用。加快推进自贸试验区内电商企业电子发票网上应用,支持电子商务行业发展;针对金融保险行业特点,积极研究金融保险业电子发票应用,节省电子商务交易时间,减少企业运营成本,维护消费者权益。

四、网上区域通办。针对自贸试验区地域宽广、企业往返时间长、办税成本高等现状,在"1+4自贸办税直通车"(办税大厅和延伸点)的基础上,为企业提供所有税收业务事项的网上区域通办服务。

五、网上直接认定。对新办企业取消辅导期,推行网上增值税一般纳税人直接认定。在风险管控方面,加强事中违纪纳税人纳入辅导期管理工作。

六、非居民税收网上管理。明确银行等账户托管方主管税务机关权限,对在银行等托管方设立自由贸易账户开展投资等综合业务的非居民企业和个人,试行由托管方履行信息报告义务,由托管方主管税务机关集中提供相关涉税服务。开发非居民税收管理系统,实行全市统一的非居民网上税务登记,实现非居民合同网上备案、网上申报、网上扣款。

七、网上按季申报。 对洋山保税港区享受提供国内货物运输服务、仓储服务和装卸搬运服务即征即退增值税政策的纳税人,由原来的按月申报转变为按季网上申报并实行网上即征即退,便于该类企业资金周转和加大行业扶持力度,为促进自贸试验区发展与国际航运中心建设协调推进提供助力。

八、网上备案。 加快行政审批制度改革,对行政审批清单内常用涉税事项实行网上"先备后核",纳税人根据现有政策规定向税务机关网上备案(备忘)后先行享受相关政策,税务机关进行事后核实和监管。

九、纳税信用网上评价。 通过信用信息平台,采集、处理、评价纳税信用信息,提供纳税信用评价结果网上自我查询。根据评价结果,实施分类服务和管理,对A级纳税人给予主动公开、放宽用票量等激励措施,对D级纳税人加大税务惩戒力度的同时,将纳税信用评价结果通报相关部门,促进社会诚信体系建设。

十、创新网上服务。 网上信息收集,通过税企互动平台、网上在线、网上调查问卷等功能,对纳税人需求进行分类采集;网上信息推送,根据纳税人需求有针对性地提供个性化政策推送、风险提示提醒等主动推送服务;网上信息查询,提供网上涉税事项办理进度等信息查询服务。

国家税务总局

2014年6月25日

国家税务总局关于印发《中国[上海]自由贸易试验区创新税收服务措施逐步复制推广方案》的通知

税总函[2014]545号

各省、自治区、直辖市和计划单列市国家税务局、地方税务局：

中国（上海）自由贸易试验区（以下简称上海自贸区）建立一年来，在税务总局指导下，上海自贸区国家（地方）税务局试行"办税一网通"十项创新服务措施，受到纳税人和社会各方面的肯定和支持。经过审慎评估，十项措施均已纳入《全国县级税务机关纳税服务规范》，其中二项已在全国复制推广，五项已具备在全国复制推广的条件，另外三项也可在一定范围内试行复制推广。

为加快政府职能转变，积极探索创新服务管理模式，全面推进税收现代化建设，税务总局研究决定，将上海自贸区创新税收服务措施逐步向全国税务系统复制推广。现将《中国（上海）自由贸易试验区创新税收服务措施逐步复制推广方案》印发给你们，请结合实际予以复制推广，推广过程中发现的情况和问题，及时向税务总局（纳税服务司）反馈。

国家税务总局
2014年11月17日

中国(上海)自由贸易试验区创新税收服务措施逐步复制推广方案

为了加快政府职能转变,推进税收现代化建设,切实服务好广大纳税人,国家税务总局决定分步骤、分层次逐步向全国税务系统复制推广中国(上海)自由贸易试验区创新税收服务措施。方案如下:

一、基本原则和要求

按照"积极稳妥、风险可控、分步推广、逐步完善"的原则,积极稳妥复制推广各项措施。

按照"点到点"要求,将上海自贸区创新税收服务措施在具备与上海自贸区相类似条件的特定区域复制推广;按照"点到线"要求,将上海自贸区创新税收服务措施在上海全市范围内逐步推广;按照"点到面"要求,将上海自贸区创新税收服务措施分步、逐项推广到全国其他地区。各地应根据自身实际,积极创造复制推广条件。

二、业务描述及复制推广条件

(一)网上自动赋码

1. 业务描述。网上自动赋码即税务登记号码网上自动赋码,是指纳入并联审批的纳税人在进行开业登记时,不再报送各类税务附报资料,由原先纳税人发起税务登记申请转变为税务机关根据工商、质监等部门提供的企业信息,由系统自动赋予税务登记号码;纳税人在首次办理涉税事项时,税务机关按照纳税人出示的基础信息资料进行"免填单"式信息采集,并开展常用办税事项告知、税种及发票核定、办税操作辅导等"一站式"服务;纳税人可通过税务登记查询平台,查询自身税务登记信息。

2. 可复制推广条件。复制推广地区的纳税人设立登记须纳入工商、质监并联审批流程,并与税务登记信息系统实现对接;在税务网站建立税务登记自动赋码查询平台。

(二)电子发票网上应用

1. 业务描述。电子发票网上应用是指推行电商企业和有条件使用电子发票企业的电子发票应用;将受票方由个人消费者扩大到企业单位。

2. 可复制推广条件。复制推广地区纳税人具有电子商务平台,企业开票端符合税务部门电子发票开票系统对接要求。

(三)网上自主办税

1. 业务描述。网上自主办税是指通过"网上办税服务厅""网上申报系统"等网上办税平台,逐步实现纳税人常用办税事项的网上办理。

2. 可复制推广条件。复制推广地区建立网上办税平台,符合网上安全规范,实现网上受理出件。

(四)网上区域通办

1. 业务描述。网上区域通办即涉税事项网上区域通办,是指纳税人可以在其主管税务机关的任意办税服务点办理各类税收业务事项。

2. 可复制推广条件。复制推广地区具有规范统一的办税服务标准,服务受理点的各办税信息系统能统一、兼容、共享。

（五）网上直接认定

1. 业务描述。网上直接认定即网上资格认定，是指对新办企业取消辅导期，在网上办税平台直接进行增值税一般纳税人资格认定受理和出件；办结时限由原来的20个工作日缩短为不超过5个工作日。

2. 可复制推广条件。鉴于税务总局将在2015年对增值税一般纳税人资格认定管理制度作出改革调整，复制推广地区可按照改革调整后的制度规定开展网上直接认定。

（六）非居民税收网上管理

1. 业务描述。非居民税收网上管理即网上非贸管理，是指对5万美元以下的非贸事项，根据企业以往备案情况和诚信状况，对非居民企业合同项目备案，不再重复审查，所需材料由纳税人自行保管，税务机关备查；建立非贸管理系统，实现网上备案、网上申报、网上扣款等非居民纳税人涉税服务。

2. 可复制推广条件。复制推广地区应建立网上办税平台和网上非贸管理系统，实现非贸的全流程网上办理，并与国家金库协调联动。

（七）网上按季申报

1. 业务描述。网上按季申报是指享受国内货物运输服务、仓储服务和装卸搬运服务即征即退增值税政策的洋山保税港区纳税人，可以由原来的按月申报转变为网上按季申报，并在申报后享受退税优惠政策；放宽单次发票领用量，对纳税信用度高的一般纳税人允许一次领用3个月的增值税发票用量。

2. 可复制推广条件。本项目仅适用于《财政部 国家税务总局关于在上海市开展交通运输业和部分现代服务业营业税改征增值税试点的通知》(财税〔2011〕111号)规定的纳税人。

(八) 网上审批备案

1. 业务描述。网上审批备案即涉税事项网上审批备案,是指公布涉税审批、备案事项清单,纳税人对清单内事项根据现有政策规定向税务机关网上报送,税务机关按照有关规定进行网上办理并为纳税人提供进度查询服务。

2. 可复制推广条件。复制推广地区应公布审批和备案事项清单,建立网上办税受理平台并符合网上安全规范。

(九) 纳税信用网上评价

1. 业务描述。纳税信用网上评价即纳税信用管理的网上信用评级,是指税务机关通过信用信息平台,采集、分析、评价纳税人的信用信息,得出纳税信用评价结果,并实施分类服务和管理;纳税人在网上可查询自身纳税信用等级;有条件地区可与地方政府及相关单位征信平台对接,实现纳税人信用信息在各部门间的共享利用。

2. 可复制推广条件。复制推广地区应建立专门的纳税信用管理系统;纳税信用级别信息可在网上公开查询。

(十) 创新网上服务

1. 业务描述。创新网上服务即涉税事项网上服务体验,是指税务机关进行纳税人信息网上收集、纳税人需求网上采集;对纳税人开展网上涉税信息推送、提醒;为纳税人提供网上办税信息查询等主动服务。

2. 可复制推广条件。复制推广地区应建立网上办税服务厅、网站、微博、微信、移动办税设备、服务热线、短信平台、税企邮箱等网络服务平台,畅通税务部门与纳税人的沟通渠道。

三、复制推广范围和步骤

(一)"网上区域通办"和"创新网上服务"两个项目已经陆续在全国复制推广,各地应根据税务信息化建设进展和纳税服务优化情况,逐步拓展"网上区域通办"的区域范围和涉税事项,增加涉税事项网上服务体验的项目。

(二)"纳税信用网上评价"项目自2015年1月起在全国范围内推广。

(三)"网上直接认定"项目在2015年内根据税务总局对增值税一般纳税人资格认定管理制度的调整情况,在全国范围内逐步推广。

(四)"网上自主办税"自2014年10月起在上海全市推广,自2015年1月起在苏州工业园区推广;自2015年7月起,由全国省会以上城市、国家级高新技术、经济技术、经济开发、工业园区等具备条件的区域逐步推广。

(五)"网上审批备案"自2015年1月起在苏州工业园区推广,自2015年7月起,在全国省会以上城市、国家级高新技术、经济技术、经济开发、工业园区等具备条件的区域逐步推广。

(六)"网上自动赋码"项目自2015年1月起在上海全市和苏州工业园区推广;2015年7月起在具备条件且经税务总局认可的高新技术、经济技术、经济开发、工业园区等具备条件的区域逐步推广。

（七）"非居民税收网上管理"、"电子发票网上应用"、"网上按季申报"三个项目自2015年1月起在上海浦东新区分步、逐项做进一步检验或开展压力测试，视检验或测试情况经税务总局认可后，于2015年内择机在苏州工业园区等符合条件地区推广。

四、相关要求

（一）全国税务系统要认真落实税务总局工作部署，结合当地实际，制定当地复制推广上海自贸区创新税收服务措施的时间表、路线图和任务书，及时跟踪研究和解决复制推广中的难点问题。

（二）上海市及自贸区税务机关要不断深化创新税收服务，进一步研究上海自贸区税收管理制度创新措施，为下一步持续推出新的制度创新作准备。

国家税务总局关于创新自由贸易试验区税收服务措施的通知

税总函[2015]208号

天津、上海、福建、厦门、深圳、广东省（市）国家税务局、地方税务局：

为了认真落实党中央、国务院部署，深入贯彻广东、天津、福建自由贸易试验区（以下简称自贸区）总体方案和进一步深化上海自贸区改革开放方案，加快政府职能转变，推进税收现代化建设，国家税务总局决定，在将上海自贸区"办税一网通"10项创新税收服务措施推广至广东、天津、福建自贸区的同时，再在广东、天津、福建、

上海自贸区推出10项创新税收服务措施,统称为"办税一网通10+10"。现将有关事项通知如下:

一、在广东、天津、福建自贸区复制推广上海自贸区10项措施

上海自贸区10项措施是指网上自动赋码、电子发票网上应用、网上自主办税、网上区域通办、网上直接认定、非居民税收网上管理、网上按季申报、网上审批备案、纳税信用网上评价和创新网上服务,详见《国家税务总局关于支持中国(上海)自由贸易试验区创新税收服务的通知》(税总函[2014]298号)和《国家税务总局关于印发〈中国(上海)自由贸易试验区创新税收服务措施逐步复制推广方案〉的通知》(税总函[2014]545号)。

二、在上海、广东、天津、福建自贸区推出新的10项措施

新10项措施包括国地办税一窗化、自助业务一厅化、培训辅导点单化、缴税方式多元化、出口退税无纸化、业务预约自主化、税银征信互动化、税收遵从合作化、预先约定明确化、风险提示国别化。具体内容是:

(一)国地办税一窗化。国税局、地税局办税服务部门利用已有场所,实行国税局、地税局业务"一窗联办"。纳税人在办理税务登记、纳税申报等涉税业务时只需向一个窗口提出申请,由国税局、地税局工作人员内部流转办结后一窗出件,实现"一窗联办"国税局、地税局两家业务。

(二)自助业务一厅化。国税局、地税局自助终端设备设置在同一自助办税厅,24小时为纳税人提供自助办税服务,实现自贸区内国税局、地税局自助业务"一厅通办"。

（三）培训辅导点单化。国税局、地税局共建网上纳税人学堂，采用线上线下（O2O）、直播录播相融合模式，纳税人线上点"单"培训辅导内容，税务机关线下配"料"教学视频，实现全天候点单培训辅导。

（四）缴税方式多元化。税务机关与银行部门合作，为纳税人提供POS机刷卡缴税、互联网缴税、移动支付缴税等多元化缴税方式。

（五）出口退税无纸化。纳税人在自贸区内申报办理出口退税业务时不再提供纸质申报凭证和资料，税务机关根据海关等部门传输的电子数据和纳税人提供的税控数字证书签名电子数据，审核、办理出口退税业务，实现出口退税办理无纸化操作。

（六）业务预约自主化。纳税人可以通过互联网、手机APP、微信等多种渠道，向税务机关预约办理日常涉税业务，在约定时间内到预约地点直接办理预约事项。

（七）税银征信互动化。税务机关与银行部门建立税银征信信息共享机制，税务机关对银行信用级别高的纳税人给予办税便利，推动银行部门对纳税信用A级纳税人给予融资便利，并逐步扩大与银行部门征信互动范围。

（八）税收遵从合作化。税务机关为签订税收遵从合作协议的纳税人提供更多的办税便利和更宽松的办税环境。税收遵从合作协议由内控机制健全且纳税信用为A级的大企业纳税人自愿发起并经税企双方协商一致后签订。

（九）预先约定明确化。税务机关为内控机制健全且纳税信用为A级的大企业纳税人提供税收预先约定服务。对于纳税人书面申请的关于未来可预期的特定事项适用税法问题,由自贸区税务机关受理评估并逐级报税务总局给予确定性答复。

（十）风险提示国别化。税务机关建立涉税风险信息取得和情报交换机制,健全国际税收管理与服务分国别（地区）对接机制,由自贸区税务机关根据区域功能定位制定分国别（地区）涉税风险提示并逐级报税务总局确认后发布,帮助纳税人减少在国际贸易往来、跨国兼并重组和资本运作中的涉税风险。

三、贯彻落实自贸区创新税收服务措施的几点要求

（一）各单位要成立自贸区创新税收服务领导小组,定期听取工作汇报,研究解决工作中遇到的问题,协同推进各项措施落实到位。

（二）各单位要细化工作方案,结合本地实际制定自贸区创新税收服务措施落地的时间表、路线图和任务书。条件具备的马上就办、真抓实干;条件暂不具备的,创造条件、分步实施,今年年底前到位。

（三）各单位要结合自贸区的地理位置、区域特点、功能定位,自主创新税收服务措施,并根据推行效果不断完善、不断提炼、不断总结,以形成具有本区域的特色服务。

（四）各单位要实时跟踪,定期报送实施情况。每季度终了后5日内将实施情况和意见建议通过可控FTP(FTP://E:/centre(供各省上传使用)/纳税服务司/综合处)报送税务总局（纳税服务司）。

国家税务总局

2015年4月21日

上海市财政局、上海市国家税务局、上海市地方税务局关于完善自贸试验区跨区迁移企业财税分配政策的通知

沪财预[2015]8号

各区县财政局,各区县税务局,自贸区税务分局:

为加快推进中国(上海)自由贸易试验区(以下简称"自贸试验区")建设,进一步完善企业跨区迁移财税分配政策,充分发挥自贸试验区的政策效应,经市政府批准,现就完善自贸试验区跨区迁移企业财税分配政策的有关事项明确如下:

一、总体原则

完善自贸试验区跨区迁移企业的财税分配机制,遵循以下原则:一是保持体制稳定。自贸试验区财税分配政策应在市与区县分税制财政体制框架下实施,并与自贸试验区改革试验期相衔接。二是兼顾各方利益。自贸试验区财税分配政策既要有利于支持自贸试验区发展,扩大政策效应,也要兼顾其他各区县利益,为鼓励企业有序、规范流动创造良好政策环境。三是便于实际操作。自贸试验区财税分配政策应聚焦政策效应,便于实施,具有可操作性。

二、政策内容

2014—2016年,对自贸试验区成立后企业税收征管关系由浦东新区以外其他区县迁移至自贸试验区内的(即指自贸试验区跨区迁移企业),市级财政于次年通过市与区县财力结算,将企业缴纳的年度区县级税收收入全额由自贸试验区(浦东新区)返还给相应的

迁出区县。对跨区迁移企业经批准享受国家或市级相关政策,需由区县财政安排资金的,相应资金由迁出区县承担。在具体操作中,由浦东新区先予垫付,市级财政审核后通过市与区县财力结算将相关资金由迁出区县返还给浦东新区。企业的迁移时间以迁出区县税务部门注销迁移文书终审日为准。

在执行上述政策的基础上,对于其他区县招商引进在自贸试验区新办注册,且具有一定规模的企业的,将按照一事一议的原则,另行协商研究自贸试验区与相关区县的财税分配问题。

对于除迁入自贸试验区以外的其他跨区迁移企业的财税分配问题,继续按照《关于进一步完善本市企业跨区迁移政策 促进企业正常迁移流动的通知》(沪财预〔2014〕7号)的规定执行。

三、工作流程

(一)建立定期信息共享机制

市税务局于每季度次月的10日前,将自贸试验区成立以来至上季度末的跨区迁移企业相关数据信息提供给市财政局,包括:自贸试验区跨区迁移企业名单、税务登记证号、国民经济行业代码、迁出区县、迁出时间、该季度企业在自贸试验区缴纳的分税种、分级次税收收入等数据信息。市财政局收到上述数据内容后,及时提供给自贸试验区管委会、浦东新区和相关迁出区县财政部门。

(二)实施年度财税分配调整

市税务局于每年1月15日前,将上年度自贸试验区跨区迁移企业数据信息提供给市财政局(数据信息范围及口径与季度信息一致)。相关信息经浦东新区和迁出区县财政部门核实确认无异议后,由市财政局发文调整相关收入基数。若浦东新区或迁出区县对自贸试验区跨区迁移企业数据信息提出异议的,市财政局将会同市税务局作进一步核实认定。

(三)调整享受特定政策的跨区迁移企业收入基数

对自贸试验区跨区迁移企业中经批准享受国家或市级相关政策并已由浦东新区财政安排资金、相应资金需申请调整由迁出区县承担的,由浦东新区财政局于每年1月底前向市财政局提出书面申请及相关材料,包括:企业名称、税务登记证号、国民经济行业代码、迁出区县、迁出时间、企业上年度缴纳区县级税收收入情况、企业经批准享受国家或市级相关政策的文件材料、区财政上年度已安排财政资金情况等。市财政局对上述材料进行审核,并经迁出区县财政局核实确认后,由市财政局发文调整相关收入基数。

上海市财政局

上海市国家税务局

上海市地方税务局

2015年1月21日

致　　谢

博士后两年的时间匆匆而过,这一过程短暂、紧张而又充实。犹记得 2014 年 4 月底第一次进站面试时的情景,美丽的松江校园让我倍感温馨。出站留校以来,这一年里我彻底地完成了从学生到教师身份的转变,实现了自己多年以来的梦想。一路走来,感恩于诸多教育、提携和帮助的师友。

首先感谢我的合作导师陈少英教授,在紧张的学术研究之余还坚持在讲课、学术上给予我细致的指导,同时为我提供前往上海自贸区实地调研的宝贵机会。感谢副校长顾功耘教授的知遇之恩,在我博士毕业前慌忙找工作时给予的宝贵机会。

感谢副校长唐波教授、原院长吴弘教授的支持,为我提供了宽松的学术环境,在经济法学院这个大家庭里我倍感温暖。感谢肖国兴教授的榜样力量,近年来的累累硕果值得我辈学习。感谢学院(科)的罗培新教授、杨忠孝教授、沈贵明教授、钱玉林教授、李伟群教授等在工作和学习上给予的支持。感谢任超、伍坚、胡改蓉、朱平、孙宏涛等各位老师的帮助和指导。感谢翟巍、曾晶、陈美颖、李诗鸿、窦鹏娟等同事,你们的优秀表现为我树立了信心。感谢人事处博管办高玉明、储俊等各位老师的辛勤工作和细心服务。

感恩一路上扶持和提携我的各位师友。感谢博士生导师朱大旗教授的提携和培养。感谢硕士生导师王斐民教授的指导和教诲。感谢中国人民大学的姚海放、徐阳光，浙江大学的蒋悟真，中国政法大学的李蕊，中国石油大学（北京）的胡延玲，最高人民法院的危浪平，江西财经大学的胡明，华融资产博士后流动站的刘佳，华东师范大学的李帅等诸位师友。另外，感谢家人多年来的默默支持，是你们让我可以心无旁骛地求学、为学。最后，感谢我的妻子一如既往、毫无保留地支持我追寻热爱的学术事业。

李慈强

2017 年 8 月 21 日

上海松江寓所